POLYGLOTT

ANDALUSIEN

ON TOUR

DIE AUTORIN

SUSANNE ASAL

arbeitete nach dem Studium der Anglistik, Geschichte und Ethnologie zunächst als Redakteurin. Heute ist sie als Reisejournalistin und Autorin mit Schwerpunkt Lateinamerika tätig. Andalusien kennt sie aus ihren Studientagen, und seither liebt sie den Süden Spaniens. Sie ist außerdem Autorin des POLYGLOTT on tour Chile.

Unser E-Book-Code zur elektronischen Erweiterung des POLYGLOTT on tour. Das kostenlose E-Book enthält die im Reiseführer aufgeführten Adressen entlang der Touren, beispielsweise zu Essen und Trinken, Shoppen, Aktivitäten und Hotel-Tipps. Links auf einen externen Kartendienst vereinfachen das Auffinden dieser Adressen.

WWW.POLYGLOTT.DE

6	**TYPISCH**
8	Andalusien ist eine Reise wert!
11	Was steckt dahinter?
12	50 Dinge, die Sie …
159	Meine Entdeckungen
160	Checkliste Andalusien

20	**REISEPLANUNG & ADRESSEN**
22	Die Reiseregion im Überblick
24	Klima & Reisezeit
24	Anreise
25	Reisen in der Region
26	Sport & Aktivitäten
32	Unterkunft
152	Infos von A–Z
155	Register & Impressum

34	**LAND & LEUTE**
36	Steckbrief
38	Geschichte im Überblick
40	Natur & Umwelt
42	Kunst & Kultur
47	Feste & Veranstaltungen
49	Essen & Trinken
158	Mini-Dolmetscher

💬 SEITENBLICK
28	Andalusien persönlich
48	Stierkampf
72	Semana Santa
98	Gibraltar
104	Sherry
106	Pferde

👍 ERSTKLASSIG
32	Charmant übernachten
41	Die besten Aussichten
45	Gratis erleben
51	Typisch genießen
66	Originelle Museen
69	Urige Bodegas
100	Schöne Strände
123	Bunte Märkte

▶ ALLGEMEINE KARTEN
4	Übersichtskarte der Kapitel
36	Die Lage Andalusiens

▶ REGIONEN-KARTEN
92	Der Westen
112	Costa del Sol
128	Der Nordosten

▶ STADTPLÄNE
57	Kathedrale, Sevilla
59	Sevilla
78	Granada
81	Nasridenpalast, Granada
101	Cádiz
121	Málaga
130	Mezquita, Córdoba
132	Córdoba
142	Úbeda

SYMBOLE ALLGEMEIN
- 👍 Erstklassig: Besondere Tipps der Autoren
- 💬 Seitenblick: Spannende Anekdoten zum Reiseziel
- Top-Highlights und
- ★ Highlights der Destination

52 TOUREN & SEHENSWERTES

54 SEVILLA
- 56 Tour ❶ Kathedrale und Alcázar
- 62 Tour ❷ Den Guadalquivir entlang
- 65 Tour ❸ Paläste, Kirchen, Konsumtempel

74 GRANADA
- 76 Tour ❹ Durch die Alhambra
- 82 Tour ❺ Durch die Altstadt
- 84 Tour ❻ Durch den Albaicín

88 DER WESTEN
- 90 Tour ❼ Durch die weißen Dörfer
- 91 Tour ❽ Entlang der Costa de la Luz
- 93 Unterwegs im Westen

109 DIE COSTA DEL SOL
- 111 Tour ❾ Von Almería zum Cabo de Gata
- 112 Tour ❿ In die Alpujarras
- 114 Unterwegs in der Region

125 DER NORDOSTEN
- 127 Tour ⓫ Von Jaén nach Úbeda
- 128 Tour ⓬ In die Sierras de Cazorla, Segura y Las Villas
- 129 Unterwegs im Nordosten

146 EXTRA-TOUREN
- 147 Tour ⓭ Kulturelle Höhepunkte Andalusiens in zwei Wochen
- 149 Tour ⓮ Sherry, weiße Dörfer und Stierweiden in zehn Tagen
- 151 Tour ⓯ Eine Woche abseits der bekannten Pfade

TOUR-SYMBOLE
- ❶ Die POLYGLOTT-Touren
- ❻ Stationen einer Tour
- 📙 A1 Die Koordinate verweist auf die Platzierung in der Faltkarte
- 📙 a1 Platzierung Rückseite Faltkarte

PREIS-SYMBOLE

	Hotel DZ	Restaurant
€	bis 60 EUR	bis 10 EUR
€€	60 bis 120 EUR	10 bis 20 EUR
€€€	über 120 EUR	über 20 EUR

ZEICHENERKLÄRUNG DER KARTEN

▭	(Seite=Kapitelanfang) beschriebenes Stadtviertel	
🔟 Ⓔ ⓗ	Sehenswürdigkeiten	
④	Tourenvorschlag	
▬▬	Autobahn	
▬▬	Schnellstraße	

Hauptstraße	
sonstige Straßen	
Fußgängerzone	
Eisenbahn	
Staatsgrenze	
Landesgrenze	
Nationalparkgrenze	

Perfekte Planung › Parallel vordere Klappe aufschlagen

TOP-12-HIGHLIGHTS

1. **REALES ALCÁZARES, SEVILLA** › S. 58
2. **FLAMENCO-MUSEUM, SEVILLA** › S. 66
3. **PARQUE NACIONAL COTO DE DOÑANA** › S. 71
4. **ALHAMBRA, GRANADA** › S. 76
5. **RONDA** › S. 93
6. **COSTA DE LA LUZ** › S. 97
7. **BODEGAS TRADICIÓN, JEREZ** › S. 104
8. **ALPUJARRA-DÖRFER** › S. 118
9. **MUSEO PICASSO, MÁLAGA** › S. 122
10. **MEZQUITA, CÓRDOBA** › S. 130
11. **DIE ALTSTADT VON ÚBEDA** › S. 142
12. **SIERRAS DE CAZORLA, SEGURA Y LAS VILLAS** › S. 144

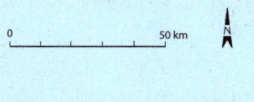

Das weiße Dorf Olvera wird von einer stattlichen Kirche und einer maurischen Festung überragt

TYPISCH

ANDALUSIEN IST EINE REISE WERT!

Flüsternde Springbrunnen, dekorativ gefliese Bänke und ein träge fließender breiter Strom, schmale, von Orangenbäumen beschattete Gässchen und breite Passagen, die Kathedrale, die Giralda, Don Juan, Carmen und die Gemälde von Murillo und Valdés Leal: Willkommen in Sevilla!

SUSANNE ASAL
arbeitete nach dem Studium der Anglistik, Geschichte und Ethnologie zunächst als Redakteurin. Heute ist sie als Reisejournalistin und Autorin mit Schwerpunkt Lateinamerika tätig. Andalusien kennt sie aus ihren Studientagen, und seither liebt sie den Süden Spaniens. Sie ist außerdem Autorin des POLYGLOTT on tour Chile.

Sevilla kokettiert jede Sekunde mit seinem arabischen Erbe und gleichzeitig mit seinem verspielten Barock, als wäre alles eine Opernkulisse. Ein starker Kontrast zu dem Andalusien des Nordens, den grünen Seen, den Kiefern- und Eichenwäldern in der gebirgigen Sierra de Cazorla, wo man auch mitten im Sommer abends fröstelt. Das maurische Córdoba mit der Mezquita, einem der schönsten Moscheebauten der Welt, brütet in seiner Ebene vor sich hin, sogar der Fluss Guadalquivir strömt hier träge. Was für eine verrückte Idee also, in Córdobas Mitte eine weite Plaza wie in den weiter nördlich gelegenen spanischen Städten zu bauen – keiner überquert sie im Sommer zur Mittagszeit. Die spitzen Kirchtürme von Écija zittern im Sonnenglast wie eine Fata Morgana. Einzigartig ist dieses Vexierbild unterschiedlichster kultureller und architektonischer Facetten. Andalusien ist mit der strahlenden Sonne fest verwoben – in der Kultur, in der Landschaft, in der Wirtschaft.

Flamenco-Kleider gehören zum Folklorefest

Zahara de la Sierra zählt zu den schönsten weißen Dörfern Andalusiens

Die Region birgt so viele verschiedene Landschaften und Kulturen in sich, dass man eine ganze Zeit lang braucht, um sie alle gleichermaßen zu würdigen: Den Renaissancepalästen in Jaén, in Baeza sowie Úbeda stehen die maurische Schönheit der Alhambra und der Nasridenpalast in Granada gegenüber, das neue Centre Pompidou und das Museo Picasso in Málaga dem für Olivenanbau in La Laguna in der Provinz Jaén, und die Fischerdörfchen der Provinz Cádiz kontrastieren mit den geometrischen Feldern der Olivenbauern in Córdoba.

Was hat ein Sherry-Baron aus Jerez mit einem Landarbeiter von El Éjido in der Provinz Almería gemeinsam, was das Mitglied einer religiösen Bruderschaft, das die tonnenschweren Tragebühnen *pasos* während der Osterwoche durch die Gassen schleppt, mit einem schwarzafrikanischen Erntehelfer auf den Erdbeerfeldern in der Provinz Huelva? Was ein Bauarbeiter aus Ecuador mit dem steinreichen Villenbesitzer in Sotogrande und dem sich feiernden Jetset von Marbella? Was eine Flamenco-Tänzerin mit einer Tapas-Köchin? Sie alle sind unverwechselbare Vertreter Andalusiens und Träger unverwechselbarer Kulturen.

Wie unterhaltsam ein Besuch Andalusiens ist! Wir gehen frühmorgens auf Entdeckungstour, trinken unseren ersten *café con leche* bei Vogelgezwitscher auf einem baumbestandenen Platz, erklimmen die Stiegen und Gassen der weißen Dörfer, die stets zu einem Kastell führen oder zu einer Kirche, deren Glockenturm häufig früher einmal ein Minarett war. Die Madonnenskulpturen sind in ihre Gewänder eingesperrt wie in einen Käfig, die Gesichter mit Tränen aus Glastropfen überströmt. Wir schlendern entlang des Guadalquivir und gehen auf Fotosafari in den Nationalpark Coto de Doñana, üben Canyoning in den Alpujarras, und mittags versammeln wir uns wie alle anderen auch in den lärmenden Tapas-Bars.

Darauf folgt die Siesta: In Andalusien scheint die Zeit bis 17 Uhr stillzustehen. Die Ruinen und Anlage der nie realisierten maurischen Märchenmetropole Madinat al-Zahra in der Nähe von Córdoba, den Alcázar in Sevilla oder andere zeitintensive Attraktionen zu besuchen – alles lohnt viel mehr am späten Nachmittag im Schein der milder werdenden Sonne.

Abends bummeln wir auf der Rambla und huldigen dem *paseo,* dem Flanieren, das einmal vor und einmal nach dem Abendessen stattfindet. Selbst wenn man hundertmal denselben Nachbarn grüßt, egal, promeniert wird! Ob jung, ob alt, die Teilnahme am öffentlichen Leben ist in Andalusien eine Selbstverständlichkeit.

In den größeren Städten schützen weiße Segel vor allzu viel Sonne. Sie breiten sich über die Fußgängerzonen in Málaga, in Sevilla, in Córdoba. Solcherart beschattet, bummelt man in den Gässchen, entlang der Geschäfte mit Borten, Litzen und Pailletten, mit Haarkämmen und *mantillas,* schlüpft in die tiefgekühlten Boutiquen von Alfonso Domínguez, von Mango, Zara, Calzedonia und Bershka.

Andalusien, die größte und südlichste Provinz Spaniens, wurde mit aller Kraft in die Moderne gebeamt, aber das Unverwechselbare und Besondere, davon erzählt in Andalusien jede Ecke: Sie müssen einfach nur zuhören.

Fast die Hälfte der Fläche in Andalusien wird von Gebirgen geprägt

WAS STECKT DAHINTER?

Die kleinen Geheimnisse sind oftmals die spannendsten. Hier werden die Geschichten hinter den Kulissen erzählt.

WELCHE BOTSCHAFT ÜBERMITTELT DER FÄCHER?

Tief in der andalusischen Modegeschichte verwurzelt ist der Fächer. Er ist kein Folklorekitsch, sondern absolut echt, das beliebteste Damenaccessoire, besonders in der Sommerzeit. Vielleicht nicht ganz so echt, aber auf alle Fälle amüsant sind die Deutungen, die das Fächeln hervorgerufen hat. Geschlossen wedelnd, langsam fächelnd (ich bin verheiratet) – stets soll damit eine unterschiedliche Botschaft verbunden sein, die dem Flirten und Betören gilt. Falls das Gegenüber nicht auf die Gesten eingeht, hilft immer noch eines: ihn fallen zu lassen.

WOHER KOMMT DER STIER AUS BLECH?

Wer kennt ihn nicht, den berühmten schwarzen Stier aus Blech? Schon unsere Eltern ließen sich von ihm überraschen, als sie in den 1960er-Jahren mit dem Auto nach Torremolinos fuhren. Die charakteristische Silhouette thronte auf Hügeln und Bergen entlang der Landstraßen: massiv, mächtig, 14 Meter hoch.

Im Jahr 1956 hatte sich der Brandy-Hersteller Osborne diese Werbung einfallen lassen – und damit war ihm ein Coup geglückt. Den schwarzen Blechstier identifizierte man in der Folge automatisch mit Spanien.

Dann war er für kurze Zeit verschwunden. Aber als nach einem 1988 ausgesprochenen generellen Verbot von Werbung an Verkehrsstraßen, denen eine ablenkende Wirkung attestiert wurde, sich Bürgerkreise und Künstlerinitiativen gebildet hatten, um gegen die Verbannung des Osborne-Stieres zu protestieren, wurde er wiederbelebt. Besonders zahlreich ist er in Andalusien vertreten: 21 Mal insgesamt.

WAS STECKT UNTER DEN PLASTIKPLANEN?

Im scheidenden Sonnenlicht schillern sie wie eine Theaterkulisse vom Meer, doch wenn man sich nähert, entdeckt man, dass es sich um Plastikplanen handelt, die über weite Flächen gespannt sind und ganze Landstriche in ein Gewächshaus verwandeln. Darunter verbirgt sich ein Reichtum der Provinz Almería: Paprika, Tomaten, Zitrusfrüchte und Wassermelonen. Die sonnenreiche Region ist eine der landwirtschaftlich am intensivsten genutzten Gebiete in ganz Spanien, und ihre Erzeugnisse finden reißenden Absatz in zahleichen EU-Ländern. Man kann antizyklisch und mehrfach im Jahr ernten. Doch die Provinz Almería ist nicht nur sonnenreich, sondern auch wasserarm: Der Anbau verursacht immer stärker wachsende Umweltprobleme.

50 DINGE, DIE SIE …

Hier wird entdeckt, probiert, gestaunt, Urlaubserinnerungen werden gesammelt und Fettnäpfe clever umgangen. Diese Tipps machen Lust auf mehr und lassen Sie die ganz typischen Seiten erleben. Viel Spaß dabei!

… ERLEBEN SOLLTEN

1 Gassen im Kerzenmeer Atemlose Stille, festliche Gesänge und das Leiden Jesu erlebt man nirgends eindrucksvoller als während der Semana Santa in Sevilla › S. 72.

2 Im Herzogspalast nächtigen Mindestens eine Übernachtung in den ehrwürdigen Mauern eines Parador, z. B. in Arcos de la Frontera › S. 97, sollte man sich gönnen.

3 Tapas-Zug durch Málaga Wer sich von der Vielfalt der Küche überzeugen möchte, startet mit *já-mon* und Oliven im Lo Güeno › S. 124 (www.logueno.es) und wählt für jede weitere *tapa* ein neues Lokal.

4 Wandern in kühlen Wäldern Vom Örtchen Miller 📕 J2 im Nationalpark Sierras de Cazorla, Segura y Las Villas › S. 144 führt eine 11 km lange Wanderroute zu den Cuevas de los Aguijones. In den Felswänden entlang des Weges nisten u. a. Gänsegeier (wandern-in-andalusien.de).

5 Tanz in der Sherry-Stadt Beim größten Flamenco-Festival Andalusiens, der alljährlich in der zweiten Septemberwoche stattfindenden Fiesta por Bulerías von Jerez, sollte man unbedingt mitfeiern › S. 103.

6 Teetrinken mit Ausblick Wer in Granada von der Plaza Nueva aus die Gässchen hinauf auf den Albaicín folgt › S. 86, fühlt sich in Teestuben wie der Tetería Kasbah (Calderería Nueva 4, ab 12 Uhr) in arabische Zeiten zurückversetzt und genießt einen tollen Blick auf die Alhambra.

7 Wellenparadies Spaziergänger lieben die kilometerlange, weichsandige und dottergelbe Playa de Bolonia › S. 99 im Westen Andalusiens, und Windsurfer stürzen sich hier in die Wellen des Atlantiks.

Auf dem Weg zu den Cuevas de los Aguijones kann man Gänsegeier beobachten

50 DINGE, DIE SIE ... | 13

Eine ganze Stadt feiert und musiziert beim Carnaval de Cadíz

8 **Spazieren zwischen den Meeren** Auf der Isla de las Palomas › S. 97 bei Tarifa, am südlichsten Punkt Europas, kann man vom Mittelmeer zum Atlantik spazieren.

9 **Karneval in Cádiz durchhalten** Für Kölner, Aachener und Mainzer ist es vermutlich eine leichte Übung, alle anderen stehen vor einer echten Herausforderung: Der Karneval von Cádiz › S. 47 zieht sich durch die ganze Nacht. Wählen Sie ein Kostüm, in dem sie garantiert niemand erkennt, schauspielern, laufen, feiern und singen Sie mit (www.carnavaleando.com).

10 **Die Stierkampfsaison einläuten** Mit der Feria de Abril › S. 47 beginnt in Sevilla die Stierkampfsaison. Besorgen Sie sich ein rüschenbesetztes Flamenco-Kleid (das gibt's auch in Kaufhäusern), stürzen Sie sich ins Festgetümmel auf dem Areal am Guadalquivir und üben Sie den Volkstanz *sevillana*.

... PROBIEREN SOLLTEN

11 **Ein Glas Sherry** Sie haben die Wahl zwischen neun Sorten, darunter Oloroso, Fino, Manzanilla, Amontillado, Cream und Pedro Ximénez. Die berühmtesten und traditionellsten Häuser sind in Jerez de la Frontera. › S. 104.

12 **Frisch aus dem Meer** Am Meeresstrand sitzen und frische *langostinos* und *gambas* verzehren, das ist sicherlich einer der Höhepunkte, die Sanlúcar de Barrameda zu bieten hat. Meeresfrüchte in allen Varianten gibt es beispielsweise auf der Karte des Restaurants Casa Bigote ▌B4 (C. Pórtico Bajo de Guía 1, 11540 Sanlúcar de Barrameda, Tel. 956 36 26 96, www.restaurantecasabigote.com).

13 Feines vom Stier In den Bodegas Campos › S. 137 können Sie die berühmte Spezialität Córdobas, den *rabo de toro* (Ochsenschwanzragout), probieren.

14 Der weltbeste Schinken Der *jamón ibérico bellota* aus der Sierra de Aracena in der Provinz Huelva erzielt im Ausland Spitzenpreise und wird in der Casa Román › S. 61 serviert. Sein hochgerühmtes Aroma erhält der Schinken dadurch, dass die schwarzgefleckten Schweine in den Korkeichenwäldern umherstreifen und sich von Eicheln *(bellotas)* ernähren dürfen.

15 Naschen wie die Nonnen *Las Yemas del Tajo* gehen angeblich auf ein klösterliches Rezept aus Ronda zurück. Die konfierten Eigelbe *(yemas)* sind rund, zuckersüß und die bekannteste Nascherei Andalusiens. Stilecht kostet man sie in der Confitería Las Campanas ▌D4 (Plaza del Socorro 3, 29400 Ronda).

16 Málaga aus dem Fass Der Dessertwein ist keineswegs nur billiger Likör, bestenfalls zum Kochen geeignet ist. Überzeugen kann man sich davon in der Antigua Casa de Guardia › S. 124 in Málaga.

17 Quellwasser Der Guadalquivir fließt majestätisch durch Córdoba und Sevilla und ist der einzige schiffbare Fluss Spaniens. Er entspringt in den Sierras de Cazorla, Segura y Las Villas › S. 144, wo man direkt aus seiner Quelle trinken kann (Casa Forestal de la Cañada de las Fuentes, Quesada).

Der Guadalquivir in der Sierra de Cazorla

18 Schön deftig Nach einer Wanderung in den Alpujarras sollte man den *plato alpujarreño* probieren – ein kalorienreiches Gericht aus gebratener Paprika und Kartoffeln mit arabisch gewürzter Blutwurst – im Restaurante El Teide 🕮 G4 in Bubión schmeckt er besonders gut (Calle Carretera s/n, 18412 Bubión, www.restaurante teide.com).

19 Guter Mix Nicht die bunteste *tapa*, aber typisch andalusisch: Der in ein Oval gepresste Fischrogen *(huevas)* verschiedener Fische und Meeresfrüchte wird im El Picoteo in Tarifa › S. 99 kalt serviert.

20 Klein, aber fein Die Tapas-Spezialität *chipirones,* gegrillte Tintenfischchen, isst man am besten mit *alioli* in dem quirligen Lokal La Campana › S. 124 in Málaga. Oder in den Ausflugsrestaurants am Strand von El Puerto de Santa María 🕮 B5 in der Nähe von Càdiz.

21 Genießen wie einst die Mauren Die Vorspeise *garbanzos con espinacas* hat arabische Wurzeln: Den gedünsteten Spinat mit Kichererbsen und etwas Paprika sollten Sie unbedingt in der Bar Giralda › S. 61 in Sevilla probieren.

22 Wenn Engel seufzen *Suspiros con cabello de ángel* › S. 118 sind etwas für absolute Süßmäuler: Die Baisers aus Mandeln mit konfierten Kürbisfäden bekommen Sie zum Beispiel bei Sabores de la Alpujarra 🕮 G4 (Av. de la Alpujarra 39, 18420 Lanjarón, Tel. 690 93 21 96).

Im Nasridenpalast in Granada

... BESTAUNEN SOLLTEN

23 Nachtvorstellung Den Zauber des Nasridenpalasts im Mondlicht zu bestaunen ist verführerisch. Zum Leben erwacht er dann bei einem Light-and-Sound-Spektakel › S. 77.

24 Pilze aus Holz Macht der futuristische Holzbau Metropol Parasol › S. 67 Sevilla schöner? Steht er dort richtig, wo er steht? Eine außergewöhnliche Sehenswürdigkeit sind diese »Pilze von Sevilla«, wie sie der Volksmund nennt, bestimmt (www.setasdesevilla.com).

25 Wie aus 1001 Nacht Besonders eindrucksvoll ist das Licht- und Schattenspiel der wunderbaren Palmensäulen der Mezquita von Cordóba › S. 133 natürlich in den späten Abendstunden.

26 Seeflotte von Stars und Sternchen Bis zu 500 000 Euro pro Jahr soll ein Liegeplatz im Luxushafen

El Tajo heißt die Schlucht, die Rondas Altstadt von der Neustadt teilt

Puerto Banús sieben Kilometer südlich von Marbella › S. 124 kosten – da darf man auf die Jachten schon mal einen genaueren Blick werfen (www.puerto-banus.com).

27 Sahnehäubchen Wie eine Krone thront das kleine weiße Dorf Zahara de la Sierra › S. 90 auf einem der typischen Kalksteinhügel der Sierra von Cádiz. Zahara zählt zu den malerischsten der weißen Dörfer Andalusiens.

28 Rarität der Renaissance Sobald die Sonne die reich verzierte Palastfassade des Palacio del Jabalquinto › S. 141 in Baeza bescheint, erstrahlt die Mauer, als wäre sie mit Diamanten besetzt.

29 Die geteilte Stadt Auf Postkarten sieht die Schlucht, die der Fluss Guadalevín gegraben hat, schon beeindruckend aus, dann aber in real zu sehen, wie sie die beiden Teile der in fast 800 m Höhe gelegenen Stadt Ronda trennt, ist geradezu atemberaubend. Vor allem, wenn man sich im Sicheren wähnt, wie auf der schönen Terrasse des Hotel Montelirio › S. 95.

32 **Carpe Diem** Der berühmte, in Sevilla geborene Barockmaler Juan de Valdés Leal ist mit zwei besonderen Gemälden im Hospital de la Caridad › S. 63 vertreten, welche die Vergänglichkeit und Torheit des Lebens zum Thema haben.

33 **Keimzelle der Fischsoße** Mitten am Strand eine römische Säulenparade und ein Amphitheater – das hat schon etwas Besonderes. In Baelo Claudia › S. 99 produzierten die Römer ihr Allwürzmittel *garum*, das sie von hier aus ins ganze Reich exportierten.

34 **Soweit das Auge reicht** Schier endlos reihen sich die Ölbaumfelder entlang der Straße von Jaén nach Baeza › S. 127 aneinander: Auf sanft gewelltem Grund stehen die Olivenbäume sorgsam angepflanzt in Reih und Glied.

30 **Filmkulisse in Südspanien** Am Abend, wenn das milder werdende Licht die Schatten der Nischen und Erker des Gesteins hervortreten lässt, sieht die Wüstenlandschaft am schönsten aus. Nicht ohne Grund wurden bei Tabernas › S. 116 zahlreiche Western gedreht.

31 **Die richtige Perspektive** Um sich von der wahren Größe der Renaissancekathedrale von Granada › S. 83 ein Bild zu machen, muss man hineingehen, von außen erschließt sich diese ehrfurchtsgebietende Majestät nicht.

... MIT NACH HAUSE NEHMEN SOLLTEN

35 **Gebranntes** Bemalte Keramik oder schlicht gebrannte Töpferware sind die Verkaufsschlager in Sorbas › S. 116 in der Nähe von Almería (Alfarería Juan Simón, Calle San Roque 21, Tel. 950 36 40 83, www.alfareriajuansimon.es).

36 **Boots wie Princess Kate** Valverde del Camino 🕮 B3 besticht durch seine Lederverarbeitung. Berühmt wurde die Kleinstadt durch den Besuch der Herzogin von Cambridge, Kate Middleton, die sich mit kniehohen Reitstiefeln aus Valverde fotografieren ließ. Die *botas* »Kate« kosten 109 Euro (Botasvalverde, Parque Industrial y Tecnológico, 21600 Valverde del Camino, www.botosvalverde.es).

37 Bergaroma Trevélez > S. 119 ist das höchstgelegene Dorf Spaniens und mit winterlichem Schnee gesegnet. Dies soll dem Bergschinken *(jamón serrano)* seinen unverwechselbaren Geschmack verleihen.

38 Schuhwerk Nummer eins Eine traditionelle *alpargata* ist typisch andalusisch, sommerlich und in vielen Formen und Farben zu haben. Die Welt kosten diese Schuhe auch nicht, wenn sie nicht gerade von einem Designer stammen. Eine große Auswahl findet man bei La Mallorquina c3 (C. Córdoba 7, 41004 Sevilla, Tel. 954 21 32 72, www.zapatos-lm.com).

39 Handbemalte Azulejos Schöne Keramikfliesen mit maurischen Ornamenten findet man bei Cerámica Rakú der Asociación Cordobesa de Artesanos im Zoco Municipal in Córdoba > S. 137 (Tel. 957 48 75 24, www.artesaniadecordoba.com).

40 Flüssiges Gold In Andalusien tröpfelt man Olivenöl aufs Frühstücksbrot und schluckt es, leicht angewärmt, bei Halsschmerzen. Die Qualität ist bei der angebotenen Menge meist hervorragend. Fragen Sie zum Beispiel in den Geschäften in der Provinz Jaén > S. 126 nach Öl der Olivensorte »Picual«.

Die Provinz Jaén ist mit rund 60 Mio. Olivenbäumen das größte Olivenanbaugebiet der Welt

41 Fürs Handgelenk Damenhaft, stylish – den Fächer, das typischste Accessoire der andalusischen Frau, gibt es bei ArtesamArt 📕 D5 in Ronda (Calle Armiñán, 14, 29400 Ronda, Tel. 952 87 64 50, www.artesamart.com).

42 Gruß aus dem Atlantik Etwa 80 % des gepressten und gesalzenen Thunfischs *(mojama de atún)* stammen aus der Provinz Huelva. Kaufen kann man ihn in Lebensmittelgeschäften und bei La Chanca 📕 C6 in Barbate auch bestellen (Plaza Reyes Catolicos, 11160 Barbate, Tel. 956 43 09 79, www.lachanca.com).

43 Ladylike & dekorativ Ein bestickter oder spitzenverzierter *mantón* von Juan Foronda > S. 70 wärmt und schützt nicht nur die Schultern, sondern peppt jedes Outfit auf.

Der Fächer ist für Andalusierinnen weit mehr als nur ein modisches Accessoire

... BLEIBEN LASSEN SOLLTEN

44 Mit dem Auto in die Stadt Das kostet Zeit, Nerven und gute Laune, weil die Straßenverhältnisse und das Verkehrsverhalten mehr als chaotisch sind.

45 Früh essen wollen Dass Spanier spät essen, ist legendär – teilweise aber auch Legende. In normalen Haushalten wird unter der Woche keineswegs um halb elf Uhr nachts aufgetischt. In den Urlaubsregionen und am Wochenende aber schon.

46 Die Siesta infrage stellen Was gibt es Schöneres als eine richtig lange Mittagspause nach einem guten Mittagsmahl? Besonders unter südlicher Sonne?

47 Tische auffüllen Einen Tisch mit Fremden zu teilen ist in Spanien unüblich. In Ausflugsrestaurants ist man ein wenig kulanter.

48 Oben ohne baden Es mag sein, dass an der Costa del Sol Engländerinnen und Deutsche topless baden, eine Spanierin dagegen würde das niemals tun.

49 Beim Flamenco mitklatschen Überlassen Sie die *palmas* den Musikern, es sei denn, Sie werden zum Mitmachen aufgefordert.

50 Den Atlantik unterschätzen Im Gegensatz zum Mittelmeer können an der Atlantikküste Costa de la Luz im Meer gefährliche Gezeitenströmungen auftreten.

Berge und Meer liegen in Andalusien oft nah beieinander

REISEPLANUNG & ADRESSEN

DIE REISEREGION IM ÜBERBLICK

Al-Andalus lautet der Name, den die nordafrikanischen Mauren Südspanien gaben. Über 700 Jahre, von 711 bis 1492, geboten sie über das Land und machten es zur Nahtstelle zwischen Abendland und Morgenland.

Die Mauren haben Andalusien den exotischen Märchenglanz verliehen, der den Städten Granada, Sevilla und Córdoba bis heute innewohnt und sie zu städtebaulichen Kostbarkeiten macht. Spuren dieser Zeit finden sich aber auch auf dem Lande wieder: Fast jedes der weißen Dörfer im Hinterland Andalusiens, *pueblos blancos* genannt, hat die schmalen Gassen, die auf arabische Medinas verweisen.

Im barocken **Sevilla** sind zu jeder Tages- und Nachtzeit die *sevillanos* auf den Beinen. Nirgendwo wird die Semana Santa (Karwoche) ergreifender und pompöser begangen als hier, und die Feria im April ist das größte Volksfest in Andalusien. Aber es reicht auch, an einem gewöhnlichen Wochentag durch die Stadt mit ihren eleganten Einkaufspassagen und ländlichen Ecken zu streifen, um sich vom Temperament anstecken zu lassen.

In dem traumhaft gelegenen, gartenhaften **Granada** mit der Alhambra unterhalb der schneebedeckten Sierra Nevada nistet Zigeunertradition neben arabischen Akzenten: Teestuben, Restaurants mit nordafrikanischer Küche und Marokko-Mode beleben die Gässchen unterhalb des Albaicíns, der mit seinen schmucken *carmenes*, Landhäuschen, gegenüber der Alhambra ein lohnendes Spazierziel darstellt.

Das westliche Andalusien ist gebirgig und mit Olivenhainen und Korkeichenwäldern übersät. Jenseits von Cádiz liegen die weißen Dörfer, und eines ist malerischer als das andere. Eine ideale Ergänzung ist das Windsurf-

> ### 💬 BADEURLAUB IN ANDALUSIEN
>
> An der **Costa del Sol** scheint die Sonne an garantiert 300 Tagen im Jahr. Waren es zu Beginn des 20. Jhs. hauptsächlich blasse Engländer, die die »Sonnenküste« als Sommerfrische erkoren, erfuhr sie in den 1950er-Jahren einen turbulenten Aufstieg und wurde zur Glamour-Spielwiese für Adel und Geldadel. Trotz allgegenwärtiger Baukräne bietet sie schöne Badebuchten auf ihrem Kernstück zwischen Nerja und Sotogrande sowie lange Sandstrände bei Torremolinos, Fuengirola und Estepona. Nördlich an die Costa del Sol schließt sich die Levante Almeriense an. Sie beginnt mit den langen, breiten Sandstränden am Cabo de Gata und zieht sich über Mojácar bis nach Agua Amarga. An der atlantischen **Costa de la Luz** geht es ein wenig geruhsamer zu. Die »Küste des Lichts« begeistert Liebhaber langer Sandstrände.

Auf der Puente de Isabel II in Sevilla sieht man links den Torre del Oro, rechts die Uferpromenade des Viertels Triana

eldorado Tarifa und die langen Atlantikstrände an der Costa de la Luz. Zwischen Puerto de Santa María, Sanlúcar de Barrameda und Jerez de la Frontera erstreckte sich einst das Meer; heute verleiht der salzige kalkhaltige Boden den darauf angebauten Rebstöcken ein spezifisches Aroma. Hier ist der Sherry zu Hause. Ein Besuch der Bodegas und der authentischen Flamenco-Tavernen, genannt *tabancos*, in Jerez ist Pflicht.

Glamour und Golfseligkeit trotz verbauter Küsten: Die **Costa del Sol** ist nicht totzukriegen. Ihr Hinterland birgt landschaftliche Überraschungen wie z. B. den Gebirgszug der Alpujarras, ein ideales Wanderziel. Überraschungen gibt es auch für Museumsfreunde: Im eleganten Málaga kommen sie voll auf ihre Kosten. Jenseits der Levante Almeriense liegen die für ihre Töpferwaren berühmten Dörfchen Sorbas und Níjar inmitten der wüstenhaften Gebirgslandschaft der Sierra Cabrera und der Sierra de Alhamilla.

Noch immer ein Geheimtipp sind die Renaissancestädte Baeza und Úbeda neben Jaén im **nordöstlichen Andalusien** zu Füßen des waldbedeckten Naturparks Sierras de Cazorla, Segura y Las Villas, einem ruhigen, wildromantischen Wanderziel mit der Quelle des Guadalquivir. Die Region ist eine ganz unerwartete Facette im Landschaftspanorama. > mehr S. 14 Punkt ❶ Später auf seinem Weg zur Atlantikmündung durchfließt der mythische Strom Andalusiens das wunderbare Córdoba: im 11. Jh. eine Metropole mit der größten Bibliothek der Welt und architektonischer Schmelztiegel der muslimischen, jüdischen und christlichen Kultur.

KLIMA & REISEZEIT

Andalusien zeichnet sich durch milde Winter und lange, heiße Sommer aus. Von Juli bis September klettert das Thermometer auf über 35 °C an der Küste, im Landesinnern auf über 40 °C, während es zwischen Dezember und Februar auf etwa 10 °C fällt.

An der Costa del Sol kann man auch in den Wintermonaten Temperaturen bis zu 20 °C erleben. Im Gebirge wird es dagegen mitunter kalt. Die niederschlagsreichsten Gebiete liegen in den Provinzen Cádiz und Córdoba. »Regenzeit« herrscht im Herbst und im Frühjahr. Schnee fällt meist nur in der Sierra Nevada.

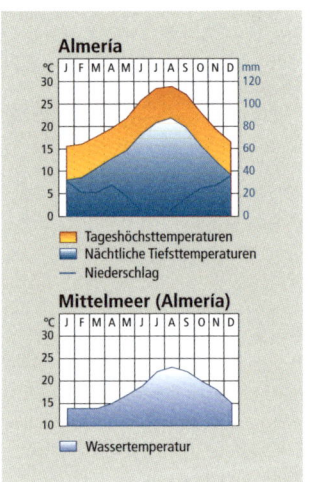

WANN WOHIN?

Im Sommer sind Städtereisen weniger zu empfehlen, da bieten sich Strandurlaube oder auch ein Wanderurlaub in der Sierra de Cazorla an. Von Mitte September bis Anfang November und von März bis Mitte Juni kann man baden, wandern, surfen, Städte besichtigen, Spanisch lernen oder zu Pferd die Landschaft durchstreifen – ohne Sonnenstich oder Frostschauer. Für Liebhaber blühender Natur aber zählt nur eine Jahreszeit: Frühling.

ANREISE

MIT DEM PKW

Die Autobahnen sind gebührenpflichtig. Der nationale Führerschein, die Zulassungsbescheinigung I und die grüne Versicherungskarte müssen mitgenommen werden. Es besteht Anschnallpflicht; telefonieren während der Fahrt nur mit Freisprechanlage. Eine Warnweste muss mitgeführt werden. Promillegrenze: 0; Bußgeld für Fahren unter Alkohol: 300 €. Abschleppen durch Privatautos ist verboten! Tempolimits: innerorts 50 km/h, außerorts 90 km/h, zweispurige Schnellstraße 100 km/h, Autobahnen 120 km/h (www.spain.info/de).

Straßenhilfsdienste: Pannendienst des spanischen Automobilklubs (RACE): Tel. 900 10 09 92, www.race.es. Unfallhilfe *(auxilio de carretera)* leistet innerorts die Policía Municipal (Tel. 092), außerorts die Guardia Civil de Tráfico (Tel. 091). Der ADAC (www.adac.de) unterhält einen Auslandsnotruf, der rund um die Uhr erreichbar ist: Tel. 093 508 28 28.

MIT DEM BUS
Eurolines (www.eurolines.de) bietet Busverbindungen von vielen deutschen Städten an. Über Valencia werden Almería, Granada, Jaén, Málaga und die Costa del Sol angefahren, via Madrid erreicht man Córdoba, Sevilla sowie die Atlantikküste. Daneben gibt es lokale Firmen. Im Internet findet man Vergleichsportale.

MIT DER BAHN
Eine Zugreise nach Andalusien ist umständlich, weil sie mindestens 26 Stunden dauert und man mehrmals umsteigen muss. Von Madrid aus gelangt man im Hochgeschwindigkeitszug AVE in gut zwei Stunden in die Region.

MIT DEM FLUGZEUG
Almería, Granada, Málaga, Jerez und Sevilla sind an das internationale Liniennetz angebunden; es gibt zahlreiche Anbieter, auch für Einzelflugscheine und Gabeltarife (Tel. 902 40 47 04, www.aena.es).

REISEN IN DER REGION

ZUGREISEN
Das Bahnnetz der Eisenbahngesellschaft RENFE (Tel. 902 32 03 20, www.renfe.es) ist weniger gut ausgebaut als die Busverbindungen. Besonders stolz sind die Spanier auf den Hochgeschwindigkeitszug AVE (Alta Velocidad Española), der von Madrid aus Málaga, Córdoba und Sevilla in zwei Stunden erreicht. Landschaftlich attraktive Strecken liegen zwischen Málaga und Sevilla, zwischen Ronda und Granada sowie zwischen Granada und Almería. Hier genießt man die Fahrt im ruhigen Tempo.

Ein besonderes Erlebnis verspricht eine Reise mit dem nostalgischen Luxushotelzug Al Andalus Expreso, der von Sevilla aus Córdoba, Granada, Antequera, Carmona und Jerez de la Frontera ansteuert (Buchung in DER-Reisebüros: www.bahnurlaub.de).

BUSSE
Busse sind ein beliebtes Verkehrsmittel. Mit pünktlichen Abfahrten, übersichtlichen und sauberen Busbahnhöfen, niedrigen Preisen und breiter An-

gebotspalette eignen sie sich sehr gut als Reisemittel, allerdings verkehren sie in den abgeschiedeneren Gegenden nicht mit der gleichen Frequenz (halbstdl., stdl.) wie zwischen den größeren Städten (Adressen/Verbindungen > Stadtbeschreibungen und Touren).

MIETWAGEN
Für Touren auf eigene Faust empfiehlt sich ein Mietwagen. Wer nicht schon am Heimatort gebucht hat, findet Agenturen in allen größeren Städten und an den Flughäfen (vorsichtshalber mit Vollkaskoversicherung buchen).

ÖFFENTLICHER NAHVERKEHR
Der innerstädtische Busverkehr funktioniert zuverlässig. Oft werden in den Bussen die Stationen per Leuchtband angezeigt. Die Fahrkarten erhält man an Kiosken und in Tabakgeschäften. Sie müssen im Bus entwertet werden.

SPORT & AKTIVITÄTEN

Neben Badeurlaubern und Kulturtouristen haben auch Aktivurlauber Andalusien längst für sich entdeckt. An den Küsten tummeln sich Wassersportler, dahinter die Golfer. Das Landesinnere ist ein Wanderparadies.

WASSERSPORT
Da Andalusien vom Mittelmeer und vom Atlantik gerahmt wird, eignet es sich für Badeferien und Wassersport jeder Art. Von zahlreichen Jachthäfen können Segler in See stechen, am feinsten in Puerto Banús, Benalmádena, Estepona und Marbella.

Die Atlantikküste von Tarifa und die Umgebung von Punta Paloma gilt als Paradies für Wind- und Kitesurfer. Taucher zieht es nach Almería, Mojácar und nach Conil de la Frontera. Viele Hotels an der Costa del Sol bieten Tauchkurse an und verfügen über Segelklubs.

GOLF
Rund 80 Plätze gibt es, die meisten davon an der Costa del Sol. Golfspielen ist teuer und exklusiv, besonders bei Sotogrande in der Nähe von San Roque, wo auch schon mal der Ryders Cup ausgetragen wurde.

REITEN
Reitfans blühen in Andalusien regelrecht auf: Sie können wählen zwischen Reitkursen und Trailreiten, Reittouren mit dem Zelt und Reiterferien auf einer Finca > S. 107.

Auskunft darüber erteilen die Spanischen Fremdenverkehrsämter > S. 153 sowie **Pferd & Reiter** (Rader Weg 30 A, D-22889 Tangstedt, Tel. 040/607 66 90, www.pferdreiter.de).

Ein besonderer Höhepunkt ist die Reitermesse in Jerez jeweils eine Woche im Mai (www.jerez.es/especiales/feria).

WANDERN UND RADFAHREN

Besonders in den Alpujarras und in der Sierra de Cazorla lässt es sich herrlich wandern, und die Wegenetze sind in den vergangenen Jahren gut ausgebaut und zuverlässig beschildert bzw. ausgezeichnet worden. Sie sind entweder gelb-weiß, rot-weiß oder grün-weiß markiert. Die Markierungen findet man auf Pfählen oder Steinen.

Das gilt auch für Gipfelbesteigungen in der Sierra Nevada (Info: **Federación Andaluza de Montañismo**, Calle Santa Paula 23, 18001 Granada, Tel. 958 29 13 40, www.fedamon.com).

Über die Sierra de Cazorla informiert neben dem Touristikamt in Jaén > S. 140 auch das Infozentrum Torre del Vinagre > S. 145.

Das Informationsportal www.andalucia.org listet Wanderungen mit nützlichen Angaben wie etwa Erreichbarkeit, Länge und Schwierigkeitsgrad auf. Gute Tipps findet man aber auch auf www.trekkingguide.de/wandern/spanien-andalusien.htm.

Stillgelegte Eisenbahngleise wurden in *vias verdes*, grüne Wege, umfunktioniert. Die sowohl für Radler als auch Wanderer geeigneten Wege sind beschildert (www.viasverdes.com). Auch Städte wie zum Beispiel Sevilla lassen sich per Rad erkunden (www.visitasevilla.es oder www.getyourguide.de).

Fast alpenländisch mutet die Landschaft der Sierra Nevada an

KUNSTHANDWERK AUS GRAS

Pedro Blanco und sein Bruder Jesús sind Meister des fast ausgestorbenen Handwerks mit Espartogras, dem eine große Zukunft vorausgesagt wird

Wissen Sie, was Espartogras ist? Es ist das Material, woraus die Sohlen Ihrer *alpargatas* (oder auf Französisch *espadrilles*) gemacht werden, hanffarbig und robust. Alpargatas, das sind *die* spanischen Schuhklassiker, die zum Beispiel auch Salvador Dalí trug.

Espartogras ist kein Material der Armen, was oft vermutet wird, weil es überall zwischen den Steinen der Wüsten im Norden von Andalusien und auf den Steppenrasen bei Almería wächst. Die Bauern haben es früher einfach gepflückt, einen Leinenstoff dazu gewebt und aufgenäht. Doch Esparto war nicht allein für Schuhsohlen nützlich, auch Körbe und Taschen konnte man daraus flechten oder Küchenbehältnisse, Teppiche, Jalousien und Wandbehänge. Aus dem Gras wurden zudem kleine Tiere als Spielzeug hergestellt oder Ballons, die, mit Erde gefüllt, als Fußbälle dienten.

DIE RENAISSANCE EINES ALTEN MATERIALS

Esparto ist ein altes Material – bereits im römischen Imperium wurde es dazu verwendet, Schiffstaue herzustellen –, und doch ist es jetzt wieder ganz jung in einer Zeit, in der es um Nachhaltigkeit und Umweltverträglichkeit geht. Und auch die Ibiza-Mode, die sich seit rund fünfzig Jahren nicht groß verändert hat, braucht das Espartogras für den breitkrempigen Schlapphut und den Ibiza-Korb, unverzichtbare Begleiter zum weißen Häkelspitzenkleid.

Eine materialisierte Hommage an dieses alte, bäuerliche Material betreibt Pedro Blanco gemeinsam mit seinem Bruder Jesús in Úbeda mit seinem Laden-Galerie-Museum

Ubedíes Artesanía. Es ist ein Familienunternehmen. Auch Großvater und Vater haben sich mit Esparto beschäftigt, doch die Söhne befreien es inmitten all der Tradition aus seinem bäuerlichen Umfeld.

Das extravaganteste Exponat der beiden ist ein bodenlanges Engelsflügelcape aus gewundenen und gerollten Espartograssträngen, das auf der Mercedes Benz Fashion Week in Madrid 2018 gezeigt wurde, das kleinste sind geflochtene bunte Ohrringe. Die spanischen Modelaufstege sind längst keine fremden Orte mehr für die Blanco-Brüder.

Ein ganzes Füllhorn an Klassischem und Überraschendem findet sich im Ubediés-Artesanía-Laden Und natürlich auch Schuhe aus Espartogras, aber aus echtem! Und die haben ihren Preis, wie alle Handwerksarbeit, die Zeit braucht. Denn eines ärgert Pedro Blanco ein wenig: »Die billigen Dinger, die man überall verkauft, sind aus Jute gemacht und nicht aus Espartogras. Sie werden in Fabriken genäht und nicht per Hand. Das Material zerfällt viel leichter, und nun hat unser Espartoschuh den Ruf, dass er nicht haltbar ist. Aber das stimmt nicht.«

ESPARTO UND ARCHITEKTUR
Dem Material sind keine Grenzen gesetzt, weiß Pedro Blanco. »Wir können Esparto auch in der traditionellen Architektur verwenden, was uns den Driehaus-Architektur-Preis für nachhaltige Beiträge zur traditionellen Architektur im Jahr 2017 eingebracht hat. Da wollen wir uns in Zukunft stärker engagieren.«

Aber zunächst einmal: »Esparto gehört die Zukunft. Und es gibt auch immer mehr Konsumenten, die Wert auf gute Handarbeit legen und sie entsprechend bezahlen.«

DIE BLANCOS BESUCHEN:
- Ubedíes Artesanía con Esparto
  Calle Real 47 | 23400 Úbeda
  Tel. 639 56 37 88
  www.artesaniaconesparto.com
  Tgl. 9.30/10–14, 17–21/21.30 Uhr

DIE BRÜDER EMPFEHLEN:
- Das Restaurant El Seco für seine bodenständige und feine Küche.
  Calle Corazón de Jesús 8 | 23400 Úbeda
  Tel. 953 79 14 52
  www.restauranteelseco.com
- Die Bar Navarro für eine gute Tapa zu einem Glas Wein – und dabei kann man auch noch schön draußen sitzen.
  Av. de la Constitución 56 | 23400 Úbeda
  Tel. 953 75 73 95 | Mo geschl.

Pleita heißen in Spanien die geflochtenen Streifen aus Espartogras

GITARREN AUS GRANADA

Granada ist die Stadt der Gitarrenmusik

Verborgen in den Winkeln der abschüssigen, kurvigen Gassen jenseits der Alhambra liegt die Werkstatt der berühmten Familie Bellido, die die ehrwürdige Tradition des Gitarrenbaus in Granada fortführt.

Gitarrenbau und Granada gehören seit dem 16. Jh. zusammen, dies belegen schriftliche Erwähnungen des »Gremio de Constructores«, der Vereinigung der Gitarrenbauer. Die Gitarre ist ein urspanisches Instrument, und inmitten der vielen spanischen Gitarrenbauschulen nimmt die Grenadiner eine ganz besondere Rolle ein. Nicht glamourös, sondern ernsthaft und konzentriert, das ist das Erste, was man bei einem Besuch der Werkstatt von Jesús Bellido und seinem Vater Manuel assoziiert, und staunt über die Schönheit, die in diesen kleinen, verschachtelten Räumen entsteht. Es geht ein Zauber davon aus, eine Intimität.

»Mein Vater Manuel«, so Jesús Bellido, »hat mich enorm beeinflusst, und er war sehr wichtig für die Entwicklung des Grenadiner Gitarrenbaus. Er war Schüler des berühmten Eduardo Ferrer. Zusammen mit einem Freund begründete er die aktuelle Grenadiner Gitarrenbauschule, und die ist die wichtigste Spaniens, was Quantität und Qualität der Baumeister betrifft. Das Erforschen der Gitarre hört nie auf, das gehört zu unserem Metier. Wir erforschen ihr Verhalten, die Akustik und experimentieren mit den Hölzern. 15 bis 20 Gitarren sind mein jährliches Pensum. In Granada hat schon immer eine Gitano-Gemeinde gelebt, denken Sie nur an die Höhlen von Sacromonte. Dort wurde und wird der Flamenco gelebt. Getanzt, gespielt und gelebt. Und die Gitarre ist das populärste und wichtigste Instrument für die Flamenco-Musik. Tomatito, der berühmte Flamenco-Gitarrist, spielt eine Bellido-Gitarre.«

DIE WERKSTATT BESUCHEN:
- **Guitarrería Bellido**
  Paseo de las Palmas 1 | 18008 Granada
  Tel. 958 22 84 03 | www.guitarreria bellido.com | Mo–Fr 9–15 Uhr

JESÚS BELLIDOS TIPP:
Um Flamenco zu hören mit einem wunderbaren Blick auf die Alhambra sollten Sie donnerstags ab 22 Uhr **La Peña de la Platería** besuchen (Plaza de Toqueros 7, 18010 Granada, Tel. 958 21 06 50, www.la plateria.org.es)

CANYONING

Die Schluchten der Alpujarras sind ein Dorado für diesen Sport, z. B. am Río Bermejo. Ohne einen erfahrenen Veranstalter wie **Nevadensis** (Pampaneira, Plaza de la Libertad, Tel. 958 76 31 27, www.nevadensis.com) sollte man dieses Abenteuer allerdings nicht wagen.

In der Sierra Nevada unterhalten sie eine Herberge (www.alberguesierranevada.com).

ANGELN

In den flussreichen Bergen kommen Angler auf ihre Kosten. Angelscheine erhält man bei der **Consejería de Medio Ambiente** (Avda. Manuel Siurot 50, 41071 Sevilla, Tel. 954 54 44 38, www.juntadeandalucia.es/temas/medio-ambiente).

Informationen gibt es zudem bei **Federación Andaluza de Pesca Deportiva** (Calle Paraíso 4, 11405 Jerez de la Frontera, Tel. 956 18 75 85, www.fapd.net), und auf www.andalucia.org wird man ebenfalls fündig.

SPRACHKURSE

Spanisch lernen an den Küsten oder in Málaga bzw. Granada wird immer beliebter. Der Kombination von Urlaub und Lernen lässt sich hier ausgiebig frönen. Unbedingt vorher die Qualität der Anbieter prüfen!

Vamos
- Am Weingarten 1 | D-60487 Frankfurt/M.
Tel. 069/40 03 84 95
www.vamos-sprachschule.de

Aktion Bildungsinformation e. V. (ABI)
Versendet ein Verzeichnis geprüfter Anbieter.
- Lange Straße 51 | D-70174 Stuttgart
Tel. 0711/22 02 16 30
www.abi-ev.de

ANDALUSIEN KULINARISCH

In größeren Städten wie Málaga werden Kochkurse, Marktbesuche und Olivenölverkostungen angeboten, teilweise finden sie direkt in den Märkten statt. Informationen dazu gibt es auf www.spain.info.

💬 WELLNESS IM HOTEL ODER HAMMAM

Dass Urlaub an sich schon Wohlfühlen bedeutet, muss nicht heißen, dass man nicht noch ein wenig Wellness draufpacken könnte. An der Costa del Sol und in Sevilla, Córdoba, Jerez oder in Granada offerieren mehrere 4-Sterne-Hotels ein komplettes Wohlfühlprogramm mit Massagen, Whirlpools und allem, was dazugehört. In der Casa El Morisco bei Benajarafe an der Costa del Sol > S. 120 bildet ein ganzheitliches Konzept die Grundlage des Urlaubsangebots. So richtig gut tut ein bisschen Entspannung auch nach einem langen Besichtigungstag, und da sind die arabischen **Hammams** in Málaga, Guadix, Almería, Jerez, Córdoba, Sevilla und Granada erste und zugleich originelle Wahl. Kopiert wird, was das Zeug hält: Raumparfüms, Springbrunnen, gedämpftes Licht, Säulen und Stuckkaskaden verwandeln die Bäder in orientalische Wohlfühloasen.

UNTERKUNFT

In Spanien werden Hotels von der Tourismusbehörde Turespaña nach dem Kriterium der Ausstattung mit einem bis fünf Sternen klassifiziert.

Neben den Hotels gibt es die einfacheren Hostales. Der Zusatz »Residencia« (R) bedeutet, dass sie kein Restaurant haben. Pensión, Fonda und Casa de Huéspedes sind preiswerte, manchmal allerdings sehr schlichte Unterkunftsmöglichkeiten, in denen die Zimmer unterschiedlich geschnitten sind. Der Hotelbesitzer ist verpflichtet, in den Zimmern einen Aushang anzubringen, auf dem die Preise inklusive Saisoneinteilung, Bettenzuschlag und Kosten für Frühstück *(desayuno),* Halb- und Vollpension *(media pensión* bzw. *pensión completa)* zu ersehen sind. Ob die Mehrwertsteuer (IVA) enthalten ist, muss ebenfalls deutlich vermerkt sein.

CHARMANT ÜBERNACHTEN

- Wie die Könige residiert man im Grandhotel **Alfonso XIII** in Sevilla. Der Stilmix ist grandios, von maurisch bis Louis XVI. Schöner Garten mit Pool. > S. 69
- Das gepflegte **Hotel Guadalupe** liegt direkt gegenüber der Alhambra, hat ein nettes Restaurant und ist preiswert. > S. 86
- Es ist klein, niedlich und ruhig: Das **Molino del Santo** in Benaoján bei Ronda lebt von seiner freundlichen, familiären Atmosphäre. > S. 95
- Sehr kinderfreundlich ist der **Parador de Córdoba.** Ein weiterer Pluspunkt ist seine Lage am Fuß der Berge. > S. 136
- In einem historischen Gebäude stilvoll in der Provinz logieren: im **Hotel Puerta de la Luna** in Baeza. > S. 141

DIE PARADORES

Sie sind meist in historischen Gebäuden untergebracht, stets schön gelegen, im Stil der Region eingerichtet und sehr kinderfreundlich: Die spanischen Paradores sind an sich eine Empfehlung. Andalusien kann 16 Paradores aufweisen, darunter einige der schönsten Spaniens (Jaén, Úbeda, Córdoba, Carmona, Granada, Málaga, Ronda und Arcos de la Frontera). Informationen und Reservierung: www.parador.es/de. > mehr S. 12 Punkt ❷

URLAUB AUF DEM LAND

Familien und Naturfreunde mieten vielleicht lieber eine Ferienwohnung oder ein komplettes Landhaus *(casa rural)* fernab der großen Städte im Hinterland. Die *hoteles rurales,* also Landhotels, werben mit familiärer Atmosphäre, traditioneller Küche, ruhiger Lage und eigenen Programmen, wie etwa Reiterferien. Auskünfte erteilt die **Asociación de Alojamientos Rurales de Andalu-**

Blick vom Hotel Parador de Arcos de la Frontera auf die Altstadt

cía (Sagunto 8, 04004 Almería, Tel. 902 44 22 33, www.raar.es).

VILLAS DE ANDALUCÍA

Einige dieser Feriendörfer liegen in den schönsten Landschaften Andalusiens, alle im Stil der ländlichen Architektur der Region erbaut. Villas de Andalucía findet man in Laujar de Andarax und Bubión (beide in den Alpujarras), Grazalema (Naturpark Grazalema), Priego de Córdoba (Naturpark Sierras Subbéticas) sowie in Cazorla (Naturpark Sierras de Cazorla). Informationen unter: www.villasdeandalucia.com

CAMPING

Zahlreiche gut ausgestattete Campingplätze konzentrieren sich vor allem an den Küsten Andalusiens. Auch in den Naturparks ist Zelten eine lohnende Alternative. Informationen und Auskünfte gibt es bei den Spanischen Fremdenverkehrsämtern › S. 153 (www.spain.info), im ADAC-Campingführer bzw. -portal (www.pincamp.de) sowie auf www.vayacamping.net.

GLAMPING

Campen, aber glamourös? Ja, genau so ist es: Luxuszelte, wie sie im Film *Jenseits von Afrika* zu sehen waren, mit viel Komfort und Stil, sind groß in Mode, auch in Andalusien.

Unter dem Namen »Glamping« (= Glamour und Camping) gibt es sie in der Sierra de Segura (Otro Mundo), im Nationalpark Grazalema (Hoppee Yurt Hotel und Finca Rana Verde), in der Nähe der Sierra de Grazalema (Cortijo Bablou), der Alpujarras (Chaparra Eco Lodge), in der Sierra Bermeja (Cloud House Farm) und bei Alhaurin el Grande (Casa de Laila). Infos unter: www.goglamping.net.

Auf dem Weg zur Pfingstwallfahrt zur Ermita del Rocío in Almonte

LAND & LEUTE

STECKBRIEF

- **Fläche:** 87 597 km² (17,3 % des spanischen Staatsgebietes)
- **Status:** eine der 17 Autonomen Gemeinschaften Spaniens
- **Einwohner:** 8,4 Mio. (18 % aller Spanier)
- **Bevölkerungsdichte:** 95,18 Einw./km²
- **Hauptstadt:** Sevilla
- **Arbeitslosigkeit:** 22,85 % (2018)
- **Religion:** 95 % römisch-katholisch; größte nichtkatholische Glaubensgemeinde: Muslime

- **Landesvorwahl:** 0034
- **Währung:** Euro (€)
- **Zeitzone:** MEZ mit Sommerzeit

BEVÖLKERUNG

In Andalusien leben über acht Millionen Menschen, drei Millionen konzentrieren sich in den Städten, wobei die Provinz Sevilla die einwohnerstärkste ist. Man geht davon aus, dass etwa 500 000 Andalusier sich als *calé*, Zigeuner (span. *gitanos*), bezeichnen.

Andalusiens große Herausforderung ist sein Umgang mit illegaler Einwanderung. Die Nähe zu Afrika durch die Meerenge von Gibraltar und Spaniens Enklaven Ceuta und Melilla in Nordafrika lassen den Flüchtlingsstrom nicht abreißen. Humanitäre Hilfeleistung oder buchstabengenaues Vorgehen nach Gesetz – dazwischen müssen sich Behörden immer öfter entscheiden.

Ein Problem ist die Perspektivlosigkeit der Jugendlichen. Hat sich die Situation am Arbeitsmarkt insgesamt ein ganz klein wenig entspannt, was auch am steigenden Tourismus liegt, sieht ihre Zukunft düsterer aus: In Jerez de la Frontera etwa sind fast 35 % ohne Job.

LANDSCHAFT

Drei große Landschaftsformationen bestimmen Andalusien: An die etwa 600 km lange Gebirgskette der Sierra Morena schließt sich die Senke des Guadalquivir an. Das leicht hügelige Tal bildet ein großes Dreieck zwischen der Sierra Morena und der Cordillera Bética. Die Betische Kordillere ist der dritte der drei großen Landschaftsräume der Region. Sie besteht aus den Sierras Subbéticas im Norden und der Cordillera Penibética im Süden mit dem Mulhacén (3481 m), dem höchsten Berg der Halbinsel, in der Sierra Nevada. Dazwischen liegt das Penibetische Tal. Die Landschaften sind überraschend vielfältig. Bergregionen um Ronda in der Provinz Málaga wechseln mit fruchtbarem Flachland *(campiña)*, Wüstenregionen mit Flusslandschaften *(vegas)*.

POLITIK UND VERWALTUNG

Nach Francos Tod 1975 und der Verfassungsreform von 1978 sprachen sich die Wähler in einem Referendum für ein Autonomiestatut aus, das Andalusien seitdem weitgehende Selbstverwaltungsrechte sichert. Verwaltungstechnisch ist die Region in acht Provinzen aufgeteilt, benannt nach ihren Hauptstädten: Sevilla, Cádiz, Huelva, Córdoba, Granada, Jaén, Málaga und Almería. Jede Provinz verfügt über ein Selbstverwaltungsorgan.

Andalusien galt 36 Jahre lang als Hochburg der Sozialisten, doch die bevölkerungsreichste Region Spaniens musste Ende 2018 bei den Parlamentswahlen ein Novum hinnehmen: Zum ersten Mal fuhr eine ultrarechte Partei in der postfrankistischen Ära Stimmen ein, nämlich 11 %: Den Erfolg der *Vox* bewerten Politikbeobachter als Reaktion auf die Unabhängigkeitsbestrebungen Kataloniens. Die sozialistische PSOE *(Partido Socialista Obrero Español)* erzielte nur noch 28 %. Die neue Regierung wird jetzt von der rechten PP *(Partido Popular)* und den *Ciudadanos* gebildet.

WIRTSCHAFT

Die Wirtschaft Andalusiens erbringt rund 14 % des spanischen Bruttoinlandsprodukts (BIP) und behauptet damit hinter der Hauptstadt Madrid und der wirtschaftlich starken Region Katalonien den dritten Platz.

Andalusien ist in hohem Maße von der Landwirtschaft geprägt. Über 45 % der Landesfläche wird landwirtschaftlich genutzt. Besonders in den Provinzen Jaén und Córdoba gibt es ausgedehnte Ölbaumfelder, in Almería blüht die Paprika- und Tomatenzucht und auf den sandreichen Böden um Sanlúcar de Barrameda wachsen Erdbeeren. Ebenso bedeutsam ist der Weinanbau. In jüngster Zeit wird der ökologische Landbau auch politisch unterstützt.

Der industrielle Sektor dagegen ist wenig entwickelt. Nur 8,5 % der spanischen Industrie entfallen auf die Region. Größere Betriebe sind in Westandalusien, in den Provinzen Huelva, Cádiz (metallverarbeitende und chemische Industrie) und Sevilla (Textilindustrie) angesiedelt.

Überproportional ist – mit über 65 % – der Beitrag des Dienstleistungssektors zum andalusischen BIP. Der Tourismus bildet die Haupteinnahmequelle.

Nach einer zwölfjährigen Boomphase der Expansion wurde auch Spanien 2008 von der globalen Wirtschaftskrise erfasst. Die Immobilienblase – mit 800 000 Wohnungsneubauten pro Jahr – platzte. Ende 2018 lag die Arbeitslosenquote bei 22,85 % und damit deutlich höher als im Rest Spaniens. Cádiz und v. a. Málaga profitieren vom Boom des Kreuzfahrttourismus; zeitweise halten sich in den Städten zusätzliche 11 000 Gäste auf.

GESCHICHTE IM ÜBERBLICK

2. Jahrtausend v. Chr. Gründung des sagenhaften Königreiches Tartessos an der Mündung des Guadalquivir.
Um 1000 v. Chr. Phönizier gründen Gadir (Cádiz) und weitere Handelsniederlassungen an der Mittelmeer- und Atlantikküste.
206 v. Chr. Nach dem Zweiten Punischen Krieg unterwerfen die Römer die Iberische Halbinsel.
5. bis 7. Jh. Die Westgoten bauen ein Reich auf, das die gesamte Iberische Halbinsel umfasst; Hauptstadt ist Toledo.
711 Unter Führung von Tarik ibn Ziyad erobern arabische Heere in knapp fünf Jahren das gesamte Westgotenreich.
718 Im Norden formiert sich der Widerstand der Christen. Mit der Schlacht von Covadonga (722) beginnt die Reconquista.
756 Der Omaijade Abd ar-Rahman I. gründet das Emirat von Córdoba. Formal untersteht es dem Kalifen in Bagdad.
929 Die Omaijaden in Al-Andalus erreichen den Höhepunkt ihrer Macht, Abd ar-Rahman III. erhebt sich in den Rang eines Kalifen.
1031 Nach Berberaufständen zerfällt das Kalifat in islamische Kleinreiche *(reinos de taifas)*.
1085 Alfonso VI. erobert das Taifa-Reich Toledo.
1086–1145 Unter der Berberdynastie der Almoraviden stabilisiert sich die maurische Herrschaft erneut.
2. Hälfte des 12. Jhs. Eine Berberdynastie aus dem Atlasgebirge, die Almohaden, verdrängt die Almoraviden. Christen und Juden fliehen vor den fanatischen Muslimen.
1212 In der Schlacht von Las Navas de Tolosa werden die Almohaden von den Christen besiegt. In den folgenden Jahrzehnten erobern die Kastilier große Teile Andalusiens (1236 Córdoba, 1246 Jaén, 1248 Sevilla, 1264 Cádiz).
1246–1492 Das maurische Königreich von Granada kann unter den Nasriden als Vasallenstaat Kastiliens überleben. Es umfasst in etwa die heutigen Provinzen Málaga, Granada und Almería.
1469 Die Thronfolger von Kastilien und Aragón, Isabella und Ferdinand, heiraten. Sie gehen als Katholische Könige (1496 vom Papst verliehener Ehrentitel) in die Geschichte ein.
1478–1482 Isabella und Ferdinand richten die Inquisition in ihren Reichen ein.
2. Jan. 1492 Der letzte Nasridenkönig Boabdil übergibt Granada an die Katholischen Könige; die Reconquista ist damit beendet.
31. März 1492 Alle Juden, die nicht konvertieren, werden ausgewiesen.
3. Aug. 1492 Kolumbus sticht von Palos de la Frontera aus in See, um den Seeweg nach Indien zu finden.
1502 Zwangstaufen der Muslime, die man fortan Morisken nennt.

1503 erhält Sevilla die Casa de la Contratación (Handelskammer), eine königliche Institution zur Kontrolle der Geschäfte mit den Kolonien.
1516 Der spätere Kaiser Karl V. erbt die spanischen Reiche; er treibt die Einverleibung überseeischer Länder voran.
1588 Die Seemacht Spaniens wird durch den Sieg der Engländer über die Armada gebrochen.
1704 Gibraltar fällt im Spanischen Erbfolgekrieg an England.
1812 In Cádiz wird eine liberale Verfassung proklamiert.
1844 Gründung der Guardia Civil gegen das Banditenunwesen in Andalusien.
1873 Ausrufung der Ersten Republik.
13. Sept. 1923 Beginn der Militärdiktatur Miguel Primo de Riveras.
1929 Die Iberoamerikanische Ausstellung in Sevilla will die Verbundenheit Spaniens mit den ehemaligen lateinamerikanischen Kolonien präsentieren.
April 1931 Die Wahlen bringen die Zweite Republik.
1936 Mit der Landung der von Franco geführten Truppen der aufständischen spanischen Kolonialarmee in Andalusien beginnt der Spanische Bürgerkrieg.
1. April 1939 Das Ende des Bürgerkriegs ist zugleich der Beginn der Diktatur unter General Franco.
1975–1980 Nach dem Tod Francos (1975) besteigt König Juan Carlos I. den spanischen Thron. Andalusien erhält sein Autonomiestatut am 28. Februar 1980.

1982–1996 Felipe González gewinnt die Parlamentswahlen. Mit ihm regieren die Sozialisten (PSOE) bis 1996.
1986 Spanien tritt der EU bei.
1992 In Sevilla findet die Weltausstellung Expo 92 statt. Einführung des Schnellzugs AVE.
2004 Nach acht Jahren Regierungszeit wird die konservative Volkspartei Partido Popular (PP) von den Sozialisten unter José Luis Zapatero abgelöst. Bei den Wahlen zum andalusischen Regionalparlament erreichen die Sozialisten die absolute Mehrheit.
2007 Bei einem Referendum sprechen sich fast 90 % der Wähler für ein reformiertes Autonomiestatut aus.
2010 Korruptionsaffären erschüttern Andalusien, v. a. Marbella.
2012 Obwohl die PP bei den Regionalwahlen im März stärkste Kraft wird, bleiben die Sozialisten in Andalusien an der Regierung.

Der Europa-Pavillon der Expo 92 in Sevilla

2013 Die erst 39-jährige Susana Díaz wird im September zur ersten weiblichen Ministerpräsidentin Andalusiens gewählt.
2015 Die Andalusier wollen Susana Díaz zwar weiter im Amt sehen, doch auch hier erobert die linke PODEMOS viele Prozentanteile. Zweite Amtszeit von Susana Díaz in einer Minderheitsregierung.
2017 Málaga wird mit dem Museo de Málaga endgültig zur Museumshauptstadt Andalusiens.
2018 Bei den Regionalwahlen erhält erstmals in Spanien eine rechtsradikale Partei Einzug ins Parlament. Die Vox (Stimme) erreicht 11 %, die 36 Jahre lang regierende PSOE nur 28 %. Die neue Regierung bilden PP und Ciudadanos.

NATUR & UMWELT

In Andalusien herrscht eine typisch mediterrane Vegetation vor, mit Wäldern aus Stein- und Korkeichen, Johannisbrotbäumen und Pinien. Macchie *(matorral)* mit Thymian und Myrte überzieht die Hänge. Andalusien weist außerdem zahlreiche endemische Pflanzen auf, etwa den iberischen Tannenbaum in der Sierra de Grazalema.

Freilich hat die jahrhundertelange Kultivierung des Bodens die natürlichen Lebensräume größtenteils zerstört. Andalusiens Haupteinnahmequelle bildete vor Aufkommen des Tourismus die Landwirtschaft, sodass Schäden am Landschaftsbild nahezu unvermeidlich waren. Auch die Minenbetriebe haben ihre Spuren ins Land gegraben, z. B. in Rodalquivir. Die auffällige Trockenlandschaft um Almería ist das Resultat von radikalen Abholzungen, die Olivenmonokulturen in Jaén haben den Boden ausgelaugt, ebenso die Zuckerrohrfelder an der Costa Tropical um Motril. Auf der positiven Seite stehen die ausgeklügelten Bewässerungssysteme, die bereits Römer und Mauren auf der Halbinsel eingeführt haben. Und in Andalusien wird seit Jahren vermehrt auf Solar-und Windenergie gesetzt.

UMWELTSCHUTZ

Trotz manch verbauter Küstenabschnitte lässt sich in Andalusien großartige Natur erleben. 18 % der Landesfläche stehen unter Naturschutz, das ist mehr als in jeder anderen spanischen Provinz. Stolz registriert RENPA (Red de Espacios Naturales Protegidas) 148 Gegenden, die entweder als Naturpark, Nationalpark oder besonders geschützte Landschaft erfasst sind. Auch in Andalusien hat man den Vorteil des nachhaltigen Tourismus erkannt: Er erhält die Landschaften und das natürliche Habitat der Tiere und verbessert die Lebensbedingungen der Menschen. Die Umsetzung des Naturschutzes durch die Politik lässt allerdings zu wünschen übrig.

Am **Parque Nacional Coto de Doñana,** 1994 zum Weltnaturerbe erklärt, werden die Schwierigkeiten exemplarisch deutlich. Das Naturreservat zwischen Sanlúcar de Barrameda und Matalascañas, eines der größten in Europa, besteht aus einem einzigartigen Zusammenklang von Sumpfland *(marismas)* und Buschwald. Das frühere Jagdrevier der Herzöge von Medina Sidonia blieb dank ausschließlicher Jagdnutzung jahrhundertelang unberührt; der Tierreichtum ist legendär. Doch die wasserintensive Landwirtschaft an den Rändern des Nationalparks und touristische Urbanisationen haben bleibende Schäden hervorgerufen. Das WWF-Projekt »Juntos por Doñana« setzt sich deshalb für den nachhaltigen Schutz des Nationalparks ein, u. a. durch Förderung des ökologischen Landbaus.

WASSERPROBLEME

Sorgen bereitet auch der von Jahr zu Jahr steigende Wasserverbrauch. Der größte Teil davon entfällt zwar auf die Landwirtschaft, doch verschlingen auch die touristischen Urbanisationen mit ihren Schwimmbädern und Golfplätzen zu viel Wasser in einer von Natur aus wasserarmen Region. Zumindest werden seit einigen Jahren immer mehr Meerwasserentsalzungsanlagen gebaut.

SOLARTECHNIK

Aus der Sonnenscheingarantie Andalusiens lässt sich ökologisch großer Nutzen schlagen: Unweit der Hochebene von Guadix entstand bei La Calahorra mit »Andasol« eine der größten Solarthermieanlagen der Welt. Jedes der drei Solarfelder hat über 200 000 Parabolspiegel. Bei »Andasol 3« halten die Münchner Stadtwerke einen Anteil von knapp 50 %: Bis 2020 soll ein Zehntel der Münchner Haushalte mit Strom aus »Andasol 3« versorgt werden.

Seit 2011 steht bei Sevilla das erste kommerzielle Solarkraftwerk der Welt, »Gemasolar«, das Flüssigsalz als Wärmespeicher einsetzt. Es ist ein Joint Venture zwischen Spanien und Abu Dhabi.

DIE BESTEN AUSSICHTEN

- Die Alhambra im Visier haben die Besucher der schönen Aussichtsplattform **Mirador San Nicolás** auf dem **Albaicín** in **Granada.** > S. 85
- Die ganze Pracht der umgebenden Karstlandschaft betrachtet man von den **Burgruinen** in **Medina Sidonia.** > S. 91
- Ein Leuchtturm an malerisch zerklüfteter Küste ist die **Torre de Vigia Vela Blanca** am **Cabo de Gata.** > S. 116
- Aus kommunalen Dreschplätzen schöne Aussichtspunkte zu machen, das gelingt in den Orten **Pampaneira** und **Capileira** in den **Alpujarras.** > S. 118
- Eine Panoramafahrt mit Nerja fest im Blick: Die Berge geht's hinunter von **Sayalonga** und **Cómpeta** an die Küste. > S. 120

KUNST & KULTUR

Die kulturelle Bedeutung Andalusiens war einst immens. Die strategisch wichtige Lage dieser spanischen Region, der früher bis weit ins Inland schiffbare Guadalquivir, die Erzvorkommen und die Fruchtbarkeit des Bodens bewirkten, dass sich hier zahlreiche Völker niederließen und ihre Kultur entfalteten.

Zwei Epochen prägten die Kultur in besonderem Maße: die islamische Herrschaft im Mittelalter und der Barock. Maurisches Erbe ist im Städtebau, in der Architektur und Dekorationskunst heute noch greifbar. Indem es in die christliche Kultur Spaniens einfloss, kam ein faszinierender künstlerischer Dialog in Gang. Das gilt auch für die Musik. Die *saeta*, eine den Karprozessionen vorbehaltene Liedform des Flamenco, ist stark von arabischen Einflüssen bestimmt. Der andalusische Flamenco und die Sevillana, der aus Sevilla stammende Volkstanz, wiederum inspirieren heutzutage Popgruppen zu einer in der ganzen Welt erfolgreichen Musikrichtung *a la gitana* (span. *gitano* = Zigeuner).

MAURISCHE KULTUR

Drei Bauwerke stehen stellvertretend für die künstlerische Entwicklung während der Präsenz der aus Nordafrika stammenden Mauren. Die Mezquita › S. 130, die Moschee von Córdoba, repräsentiert das Reich der **Omaijaden** (756–1031). Der älteste Teil wurde 786 begonnen. Die prunkvolle Ausstattung mit Mosaiken um die Gebetsnische verrät die Mitwirkung byzantinischer Handwerker. Damals wurden zahlreiche Techniken und Dekorationsmotive sowie Werke der Kleinkunst aus Elfenbein und Edelmetall

💬 KUNSTHANDWERK

Wer gutes Kunsthandwerk sucht, wird in Andalusien leicht fündig: Der Silberschmuck Córdobas gilt als der kunstvollste ganz Spaniens, und in der alten Maurenstadt gibt es eine Lederwerkstatt, in der nach maurischen Techniken gearbeitet wird. In Sorbas und in Níjar kauft man Töpferware direkt vom Hersteller; eine Institution ist Tito in Úbeda › **S. 143**.

Für Holzeinlegearbeiten *(taracea)* ist Granada bekannt, die Sierra de Grazalema für die Teppichknüpfkunst. Leder für Jacken und Taschen bearbeitet man in Ubrique und in Valverde del Camino (Huelva). › **mehr S. 17 Punkt 36** Dort ist man auch auf Flamenco-Schuhe spezialisiert. In Úbeda, Almería und Níjar werden Körbe, Seile, Spielzeug und die traditionellen Strohschuhe Alpargatas aus dem festen, graubraunen Espartogras angeboten. › **S. 28**

Die Sala de los Ajimeces des Nasridenpalastes in der Alhambra von Granada

u. a. über die Mozaraber (unter muslimischer Herrschaft lebende Christen) in den christlichen Norden vermittelt.

Wichtigste Hinterlassenschaft der **Almohaden** (1161–1212) ist die Giralda in Sevilla › S. 56, das prachtvolle Minarett der großen Freitagsmoschee aus dem 12. Jh. Nirgends jedoch hat sich die verfeinerte höfische Lebensart des letzten der **islamischen Reiche** (1246–1492) vollendeter ausgedrückt als im Nasridenpalast › S. 77 auf der Alhambra in Granada. Stuckornamente, bunte Keramiksockel und Holzdecken mit Einlegearbeiten aus Edelhölzern sind Zeugnisse der großen Virtuosität der beteiligten Kunsthandwerker.

Obwohl kein ausdrückliches Bilderverbot besteht, vermeidet der Islam zumindest in den Moscheen figürliche Darstellungen. Dies brachte die islamische Arabeske (ital. *rabeschi* = Ranken) hervor, eine Flächendekoration aus stilisierten, fast kalligrafisch wirkenden Pflanzenornamenten.

Andalusische Architektur ist ohne die bunten *azulejos* (glasierte Fliesen) undenkbar. Einst von den Mauren in Spanien eingeführt, verzieren sie als Mosaiken Wände und Sockel, dienen zur Ausgestaltung von Innenhöfen und von Gartenanlagen.

BUCHTIPP: Mit *Das Wunder von al-Andalus. Die schönsten Gedichte aus dem Maurischen Spanien* erschließt Georg Bossong die kunstvolle Lyrik einer vergangenen Welt (C. H. Beck). Der Autor hat im selben Verlag auch ein Buch über die sephardischen Juden verfasst, das 2016 in zweiter Auflage erschien.

ANDALUSISCHER BAROCK

Der Barock Andalusiens entstand in einer Zeit wirtschaftlicher Depression und großen Elends. Die Ausstattung der Kapelle des **Hospital de la Caridad** in Sevilla › S. 63 etwa veranschaulicht die barocke Antithese eines in tiefer

Frömmigkeit wurzelnden Vergänglichkeitsbewusstseins und weltlicher Repräsentationssucht. Die üppige Ausstattung der Kirchen mit Skulpturen, Gemälden, Fresken und Stuckaturen diente jedoch nicht allein der Machtdemonstration, sondern reagierte auf ein in dieser Zeit sehr sinnliches Schaubedürfnis, dem auch durch die lebensnahe Darstellung religiöser Themen entsprochen wurde.

Viele bedeutende Architekten haben in Andalusien Meisterwerke geschaffen, so Alonso Cano mit der Hauptfassade der Kathedrale von Granada und López de Rojas mit derjenigen der Kathedrale von Jaén. Leonardo Figueroa schuf u. a. das Hospital de los Venerables Sacerdotes und den Palacio de San Telmo in Sevilla.

Die spanische Barockmalerei fand in Andalusien ihre wichtigsten Vertreter. Bartolomé Esteban Murillo, Maler gefühlvoller Marienbilder, ist ein Kind Sevillas, dessen Museo de Bellas Artes ihn auch gebührend ehrt. Zu den Hauptvertretern der »Schule von Sevilla« gehören auch Juan de Valdés

FEDERICO GARCÍA LORCA

Er stand Pate für *Der andalusische Hund*, ein filmisches Manifest des Surrealismus von Luis Buñuel und Salvador Dalí, das 1931 die Gemüter schockierte: Federico García Lorca, ein enger Freund der beiden. Alle, die ihn gekannt hatten, beschrieben den am 5. Juni 1898 in Fuente Vaqueros bei Granada geborenen Lorca als hochintelligentes Glückskind. Seine wohlhabenden Eltern ermöglichten ihm ein finanziell unabhängiges Leben. Sein großes musisches Talent förderte der Komponist Manuel de Falla. Eigentlich wollte Federico zunächst Musiker werden, doch er wurde schließlich der bedeutendste spanische Dichter und Dramatiker des 20. Jhs. Sein erster, 1921 veröffentlichter Gedichtband spiegelt bereits die starke Bindung an Andalusien wider, die später in seinen Stücken *Mariana Pineda* (die Uraufführung in Barcelona stattete Salvador Dalí aus), *Yerma, Doña Rosita bleibt ledig, Bluthochzeit* und *Bernarda Albas Haus* zum Ausdruck kommt: Als letzten großen Tragödiendichter Europas feierte ihn die Kritik. Als Lyriker sorgte er mit seinem vom Flamenco inspirierten *Poema del cante jondo* für Aufsehen. Von 1932 an leitete er zusammen mit seinem Freund Eduardo Ugarte die Wanderbühne La Barraca in Madrid, die von der spanischen Republik als »Theater der sozialen Aktion« subventioniert wurde. Lorca selbst hielt sich von der Politik fern. Doch seinen Werken wohnt ein aufrührerischer Geist inne, was ihm zum Verhängnis wurde. Im August 1936, kurz nach dem Ausbruch des Spanischen Bürgerkriegs, erschossen ihn faschistische Milizen im Barranco von Viznar nahe Granada. Die genaue Stelle ist trotz intensiver Bemühungen bisher nicht gefunden worden – das wohl berühmteste Beispiel dafür, wie die spanische Politik bis heute mit den republikanischen Opfern des Bürgerkrieges umgeht.

Leal, › mehr S. 17 Punkt ③, bekannt für seine Todesallegorien, und Francisco de Zurbarán, der »Maler der Mönche«, während Diego Velázquez aus Sevilla als Hofmaler Felipes IV. in Madrid Weltruhm erlangte.

Auch die andalusische Bildhauerkunst des Barock brachte herausragende Werke hervor. Pedro de Mena und Pedro Roldán schufen bis heute gültige Vorbilder für Heiligenfiguren, und die Vollkommenheit der Skulpturen von Juan Martínez Montañés trugen ihm den Beinamen »Gott des Holzes« ein.

LITERATUR

Der Barock war auch eine Blütezeit der Dichtkunst. Die erlesene, bisweilen kunstvolle Sprache des Dichters Luis de Góngora (1561–1627) aus Córdoba fand zahllose Nachahmer. Sein Zeitgenosse, der aus Madrid stammende Mönch Gabriel Téllez (1583 bis 1648), verlieh unter dem Pseudonym Tirso de Molina dem andalusischen Don-Juan-Mythos erstmals literarische Gestalt.

Ein kulturelles Fanal wollten die Dichter der Bewegung »Generación de 1898« mit ihren Werken setzen, nachdem das Land nach dem Verlust der Kolonien in eine Krise geraten war. Zu ihnen gehörten auch die aus Sevilla stammenden Brüder Antonio (1875–1939) und Manuel Machado (1874–1947). Einige der Autoren, Dramatiker und Dichter, die in ihren Werken die Lebenswirklichkeit Andalusiens abbildeten, gelangten zu Weltruhm. Der 1881 in Moguer (Huelva) geborene Juan Ramón Jiménez erhielt 1956 mit seiner Erzählung *Platero und ich. Andalusische Elegie* den Literaturnobelpreis. Eine der ersten schreibenden Feministinnen war die in Almería geborene Carmen de Burgos (1867–1932). Als »Colombine« bekannt, verfasste sie zahlreiche Essays und Erzählungen. Heute ist der herausragendste Vertreter seiner Region der international hoch angese-

GRATIS ERLEBEN

- Der 18. Mai ist **Tag der Museen**. Am Wochenende zuvor oder danach öffnen die Museen eine Nacht lang gratis ihre Pforten und bieten ein Rahmenprogramm mit Veranstaltungen und Konzerten.
- Manchmal stellt der Wirt zu einem alkoholischen Getränk gratis eine **Tapa** › S. 50 auf den Tisch, immer jedoch eine Kleinigkeit wie Oliven oder Kartoffelchips.
- Während der **Semana Santa** in **Sevilla** sind beim Einzug der *pasos* in die Kirche die schönsten *saetas* zu hören, oft dargeboten von namhaften Sängern. › S. 72
- Während des Maikreuzfestes **Cruces de Mayo** in **Córdoba** werden in den Straßen und auf den Plätzen aus Blumen hergestellte Kreuze aufgestellt. Am Abend geht es mit Musik- und Tanzdarbietungen weiter. › S. 47
- Das Mitfeiern in den *casetas* während der **Feria de Córdoba** Ende Mai ist gratis. › S. 137

Estrella Morente singt bei La Noche Blanca del Flamenco in Córdoba

hene und 1956 in Úbeda geborene Antonio Muñoz Molina. Im Penguin Verlag erschien 2019 sein neuester Roman *Schwindende Schatten*.

MUSIK

Neben den Muslimen und Christen pflegten auch die spanischen Juden, die Sephardim, ihre eigenen Musiktraditionen. Das Label Pneuma hat CDs von Eduardo Paniagua herausgebracht, die mit der arabischen und sephardischen Musik von Al-Andalus vertraut machen. Die bekannteste Sängerin ist Rosa Zaragoza.

Eine Besonderheit der spanischen **Renaissancemusik** bestand in der Vorliebe für gezupfte Saiteninstrumente wie die Vihuela. Sie wurde im 17. Jh. durch die volkstümlichere spanische Gitarre (arab. *qitarah*) verdrängt. Im 20. Jh. feierte die *guitarra española* durch virtuose Interpreten wie den aus Linares (Jaén) stammenden Andrés Segovia (1893–1987) große Erfolge.

Im 19. Jh. gelangten verschiedene spanische Komponisten zu internationaler Geltung, unter ihnen der in Cádiz geborene Manuel de Falla (1876 bis 1946), Schöpfer so bekannter Werke wie des Balletts *Der Dreispitz* und der Sinfonie *Nächte in spanischen Gärten*. Nach Ende des Bürgerkriegs ging er ins Exil nach Argentinien, wo er 1946 in Alta Gracia starb. Manuel de Falla war ein Freund García Lorcas. Mit ihm zusammen organisierte er 1922 in Granada den »Concurso de Cante Jondo«, den ersten internationalen Wettbewerb im Flamenco-Gesang.

De Falla und García Lorca waren fasziniert von der Ursprünglichkeit und Andersartigkeit des **Flamenco**, verglichen mit der Musik des übrigen Europa. Flamenco ist eine Musikform, die von den *gitanos* Andalusiens entwickelt wurde. Als sie im Spätmittelalter in Südspanien einwanderten, fanden sie eine multikulturelle Gesellschaft vor, deren vielfältige Musiktraditionen sie mit ihrer eigenen Musik verbanden. Der Flamenco wird wegen seiner Herkunft und der Aufführungsorte stets mit Andalusien verbunden; besonders in Jerez de la Frontera feiert man ihn. Früher einmal Teil der Avantgarde, die sich gegen bürgerlichen Musikgeschmack wendete, ist er heute eine der wichtigsten musikalischen Facetten Spaniens. Als »Königin des Flamenco« gilt Estrella Morente, Tochter des Ende 2010 verstorbenen Flamenco-Sängers Enrique Morente, der auch ihre Platten produzierte. Pedro Almodóvar setzt ihre Musik in seinen Spielfilmen ein, zuletzt in *Volver*.

FESTE & VERANSTALTUNGEN

Viele Feste beruhen auf katholischen Traditionen, die prächtig und farbenfroh inszeniert werden, z. B. die Wallfahrten *(romerías)*, der Karneval, die Karwoche und das Fest der Hl. Drei Könige *(Reyes Magos)*.

Aber auch andere Feste religiösen Gehalts wie das Fest der Maikreuze *(Cruces de Mayo)* und Fronleichnam *(Corpus Cristi)* sind ein willkommener Anlass für eine Zäsur im Alltag.

FESTKALENDER

5./6. Januar: Die **Reyes Magos**, die Hl. Drei Könige, kommen und bringen Geschenke. Auch im kleinsten Örtchen wird das mit prachtvollen Umzügen gefeiert, z. B. in Higuera de la Sierra.
Februar/März: **Karneval** in Cádiz. > mehr S. 13 Punkt ❾ Kaufleute aus Genua und Venedig brachten im 16. Jh. den Karneval nach Cádiz. Gefeiert wird von Donnerstag vor Aschermittwoch bis Sonntag nach Aschermittwoch – meist mit überbordendem Maskenzauber. **Karwoche (Semana Santa)** > Seitenblick S. 72.
April: **Feria de Abril in Sevilla.** > mehr S. 13 Punkt ❿ Bereits zehn Tage nach Ostern feiert Sevilla seine Feria. Auf dem Feria-Gelände drängen sich auf rund 3 km² über 1000 Festzelte *(casetas)*, in denen die Sevillaner die Nächte durchtanzen. In der letzten Aprilwoche feiert man die **Romería a la Virgen de la Cabeza** in Andújar/Jaén. Das Heiligtum der »Virgen de la Cabeza« thront auf dem höchsten Punkt der Sierra de Andújar. Den spanischen und lateinamerikanischen Filmproduktionen des laufenden Jahres ist das **Festival del Cine** in Málaga gewidmet: roter Teppich und jede Menge Prominenz.
Mai: **Maifeste** in Córdoba. In der ersten Maiwoche werden zur **Fiesta de las Cruces** große, blumengeschmückte Kreuze *(cruces)* errichtet. Es folgt die **Fiesta de los Patios**, die bis Mitte Mai andauert. Die schönsten blumengeschmückten Innenhöfe werden prämiert. Wer von den **Ferias** nicht genug haben kann, feiert hier in der letzten Maiwoche.
Pfingsten: Die **Romería** zur **Ermita del Rocío** in der Provinz Huelva ist eine der prächtigsten und größten Wallfahrten in Andalusien mit geschmückten Pferdefuhr-

---

🗣 FERIA!

Wenn sich die Señoras, egal, ob zwei oder 88 Jahre alt, in bunte Flamenco-Kleider werfen und die Männer zumindest ihren flachen Cordobeser Hut aufsetzen, dann ist in Andalusien *feria*. Traditionellerweise ist es ein der Tiermesse angeschlossenes großes Fest, das mit der Feria de Abril in Sevilla beginnt. Ungeachtet, wo man sie erleben kann: Mitfeiern ist wunderbar! Im besten Fall hat man zu den vielen einzelnen Festzelten *(casetas)*, in denen eifrig *sevillana* getanzt wird, freien Zutritt (www.visitasevilla.es).

DAS UNGLEICHE DUELL

Schaukämpfe gegen wilde Stiere waren ursprünglich ein Privileg des spanischen Adels. Als sich gegen Ende des 18. Jhs. die höfische Gesellschaft darin gefiel, Tracht und Brauchtum des Volkes zu imitieren, wurde der gefährliche Stierkampf zu Fuß, die Spielart der einfachen Leute, hoffähig. Erstmals wurden spezielle Arenen (plazas de Toros) gebaut, und man stellte Regeln für den Ablauf des Kampfes auf. Die prächtigen Kostüme der Stierkämpfer sind noch heute nach der Mode der Goya-Zeit geschnitten.

Die Stierkampfsaison dauert von Ostern bis Oktober. Jede corrida besteht aus sechs Kämpfen; der etwa 20-minütige Kampf endet in der Regel mit der Tötung des Tieres.

Am Stierkampf scheiden sich die Geister, und gestritten wird immer lauter. Per Gesetz ist seit 2012 die Corrida in Katalonien verboten. Einen Antrag der Partei Partido Popular, den Stierkampf als nationales Kulturgut zu definieren, lehnten die damals regierenden Sozialisten ab, dafür wurde er aber zur Kunst erklärt und ist seitdem dem Kultur- und nicht länger dem Innenministerium unterstellt. Stolz oder Schande Spaniens – der Stierkampf ist v. a. ein Geschäft mit einem Jahresumsatz von etwa 1,5 Mrd. Euro. Er unterliegt weitgehend der Kontrolle der Manager, welche die Arenen mieten, die Stiere kaufen, den Kartenverkauf organisieren und die Toreros verpflichten. Die Höhe der Gage richtet sich nach dem Rang der Arena und der Klasse des Toreros; die Stars unter ihnen sind Millionäre. Zu den Publikumslieblingen gehören Julián López, Enrique Ponce und Alejandro Talavante sowie José Tomás.

Die Stierkampfarena in Ronda zählt zu den ältesten und schönsten Arenen Spaniens

werken, Kutschen und in Flamenco-Tracht gekleideten Teilnehmern.
Mitte August: Feria de Agosto in Málaga mit Tanz und Stierkämpfen.
Erste Septemberhälfte: Feria de Pedro Romero in Ronda. Hauptattraktion der Festwoche zu Ehren des Schöpfers des modernen Stierkampfs ist die Corrida Goyesca, ein Stierkampf im Stil der Goya-Zeit. Auch ein Flamenco-Festival gehört zur Festwoche.
Ende September/Anfang Oktober: Fiestas de Otoño in Jerez de la Frontera. Zu den Veranstaltungen des Herbstfestes in Jerez gehört auch die **Fiesta de Bulerías,** ein traditioneller Höhepunkt der andalusischen Flamenco-Festivalsaison. > **mehr S. 12 Punkt ❺**
September/Oktober (in geraden Jahren): **Bienal de Flamenco** in Sevilla (www.labienal.com).
28./29. Dezember: Fiesta de Verdiales in Málaga. Verdiales-Gruppen der ganzen Provinz treffen sich und zelebrieren diese in der Volkskultur der Region verwurzelte uralte Musikform.

ESSEN & TRINKEN

Die andalusische Küche kennzeichnet zum einen Bodenständigkeit, zum anderen eine Finesse, die dem arabischen Erbe zu verdanken ist.

Speck, Hülsenfrüchte und Eier reichern viele Mahlzeiten an, und Olivenöl fehlt in nahezu keinem Gericht. Schon längst erfährt das flüssige Gold der Region in Degustationen die höchsten Weihen. Alljährlich wird eine Stadt Andalusiens zum gastronomischen Botschafter ausgerufen (www.capitalespanoladelagastronomia.es).

ERFINDUNGSREICHTUM

Fleisch wird in arabische Marinaden eingelegt und auf Spießchen gegrillt *(pinchos morunos)*, Nierchen lässt man in Sherry schwimmen *(riñones al jerez)*. Die Kombination aus Knoblauch, Kichererbsen und Blattspinat mundet etwas eigenwillig *(espinacas con garbanzos)*, und Paprika, Tomaten

> 💬 **ESSENSZEITEN**
>
> Morgens verzehren die Andalusier in einer Bar schnell eine *tostada*, einen Toast mit Butter und Marmelade oder auch mit Tomatenpüree und Olivenöl, und trinken einen *café solo* (Espresso), *café cortado* (mit einem Schuss Milch) oder *café con leche* (Milchkaffee) dazu. Das Mittagessen, *almuerzo*, wird zwischen 14 und 16 Uhr serviert. Entsprechend spät kommt das Abendessen, *cena*, auf den Tisch. Restaurants öffnen erst um 21 Uhr. Gegen den kleinen Hunger empfehlen sich *tapas*.

Jamón serrano gibt es in jeder Tapas-Bar

und Zwiebeln bilden die Grundlage für Gerichte wie etwa den *gazpacho*, die kalte Gemüsesuppe. Mit Zitronensaft und Thunfisch wird ein Salat daraus, mit püriertem Weißbrot eine Creme (*salmorejo*, die Spezialität Córdobas).

Die Tortilla besteht klassisch aus Kartoffeln und Eiern, in Andalusien wird sie auch mit Käse, Spargel, Pilzen und Garnelen zubereitet – für seine *tortillitas de gambas* ist Cádiz berühmt. Fleisch und Fisch kommen auf die *plancha* – die Eisenplatte – oder auf den Grill. Die *fritura de pescado*, eine Platte mit verschiedenen frittierten kleinen Fischen, sollte man in den Provinzen Málaga und Cádiz bestellen. In den *freidurerías* in Sevilla bekommt man frittierte Meeresfrüchte in Papiertüten wie anderswo Pommes. Kaninchen und Ziegenkäse schmecken besonders gut in den Bergen. An kalten Tagen sind die vielen schmackhaften Eintöpfe *(potajes* oder *ollas)*, oft mit Kichererbsen zubereitet, das Richtige.

TAPAS

Appetithäppchen, die man an der Theke zu einem Glas Wein oder Bier verzehrt, heißen *tapas*. Vermutlich rührt ihr Name daher, dass man einst das Glas mit einem Stück Brot abdeckte, um es vor Insekten zu schützen. Es sind kalte Speisen wie Käse, Schinken, Oliven und Salate ebenso wie warme Gerichte, etwa Tortilla, Fleischspießchen, Krabben und Fisch. Luftgetrockneter und gesalzener Thunfisch *(mojama)* ist eine wahre Delikatesse, ebenso die *montaítos,* eine Crostini-Variante auf Spanisch. Oft werden die aktuellen Tapas-Angebote auf Tafeln angepriesen.

JAMÓN IBÉRICO

Der luftgetrocknete Bergschinken *(jamón serrano)* ist immer eine Köstlichkeit. Doch nur wenn er vom schwarzen Iberischen Schwein *(cerdo ibérico, auch pata negra)* stammt, verdient er den Namen *jamón ibérico*. › mehr S. 14 Punkt ⓮ Die herbstliche Mast mit den süßen Früchten der Steineiche gibt dem Fleisch den würzigen Geschmack. Nach der Schlachtung wird der Schinken einige Tage in Salz gelegt und kommt dann bis zu drei Monate in Kühlräume. Das folgende halbe Jahr »schwitzt« er in Trockenspeichern; erst danach beginnt die Reifung in Kellerräumen. Zucht, Haltung der Tiere – sie müssen frei weiden – und der gesamte Herstellungsprozess unterliegen strengen Kontrollen. Die Herkunftsbezeichnungen »Jamón de Huelva« und »Pedroches« (Córdoba) garantieren hohe Qualität.

SÜSSES

Zahlreiche Süßspeisen aus Mandeln und Honig lassen den arabischen Einfluss erahnen. Insbesondere in den Klöstern verfeinerte man ihre Herstellung. Sie tragen so verheißungsvolle Namen wie Engelshaar, › mehr S. 15 Punkt ㉒ Nonnenseufzer und Himmelsspeck.

ANDALUSIENS WEINE

Auf rund 48 000 ha wird Wein angebaut, von denen der größte Teil auf die Provinzen Córdoba, Cádiz und Huelva entfällt. Produziert werden v. a. Aperitif- und Dessertweine, wobei an erster Stelle der berühmte *vino de Jerez*, der Sherry, aus der Provinz Cádiz zu nennen ist. Dem von Natur aus trockenen Sherry ähnlich ist der Montilla-Moriles aus dem Weinbaugebiet südlich von Córdoba. Die Muskatweine aus der Axarquía, östlich von Málaga, sind dagegen ausnahmslos süße Dessertweine *(vinos de Málaga)*. Rot- und Roséweine stammen aus der Provinz Jaén, und die älteste Anisbrennerei Spaniens sind die Los Hermanos in Carmona bei Sevilla.

👍 TYPISCH GENIESSEN

- Die hübsch gefliese Bar **La Estrella** in Sevilla muss man einmal besucht haben. › S. 70
- Die **Plaza Plateros** in Jerez ist ein Superziel für alle Tapas- und Sherry-Freunde. Eine Bar reiht sich an die nächste. Unbedingt *mojama* (luftgetrockneter Thunfisch) probieren! › S. 105
- Mit regionalen Rezepten macht der Familienbetrieb **Casa Puga** in Almería auf sich aufmerksam. › S. 116
- Der Koch Dani García ist in aller Munde. Er hat sich 2018 den dritten Michelinstern geholt. Wer seine fantasievoll-avantgardistische Küche im Hotel **Puente Romano** E5 in Marbella probieren will, muss sich beeilen: Am 22. Oktober 2019 hört er auf.
- Außergewöhnliche, mit Michelinsternen prämierte Kreationen kommen im **El Choto** in Córdoba auf den Teller. › S. 137

Die Alhambra in Granada im Licht der Abendsonne

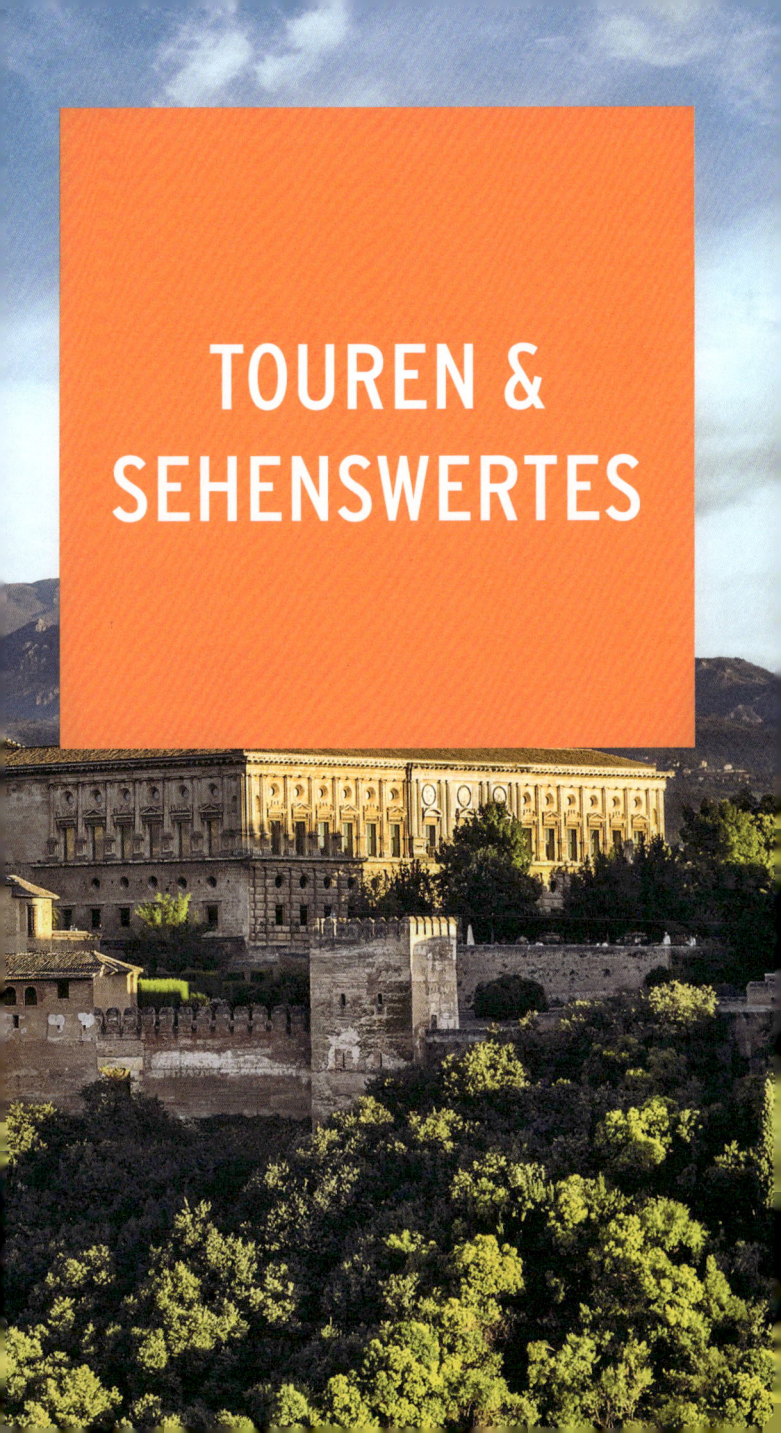

TOUREN & SEHENSWERTES

SEVILLA

Sevillas Metropol Parasol kann man auf einem Panorama-Rundgang erkunden

Unter den drei andalusischen Metropolen ist die Hauptstadt Sevilla zweifellos die Primaballerina und mit rund 700 000 Einwohnern außerdem Spaniens viertgrößte Stadt, in der unzählige Sehenswürdigkeiten entdeckt werden wollen.

Über den Guadalquivir wurde im 16. Jh. der Handel mit der Neuen Welt abgewickelt. Die Altstadt mit ihren barocken und neo-mudéjaren Prachtbauten zieht sich am östlichen Ufer entlang, das volkstümliche Triana und Neubauviertel liegen auf der Westseite. Das Nebeneinander von Kathedrale, Reales Alcázares, Handelsbörse und Archivo de las Indias zeigt, dass Sevilla nicht nur königliche Residenz, sondern auch bedeutende Handelsstadt war.

Seit 712 unter islamischer Herrschaft, wurde die Stadt 1248 von den Kastiliern unter Fernando III. zurückerobert. Mit der Entdeckung der Neuen Welt 1492 begann Sevillas Goldenes Zeitalter, damals erhielt die Stadt das Handelsmonopol für die überseeischen Gebiete. Um 1700 jedoch begann der Guadalquivir zu verlanden. Erst die Iberoamerikanische Ausstellung 1929 und die Expo 1992 verhalfen Sevilla wieder zu neuer Geltung.

Der Barockprunk zusammen mit den fast dörflichen Ecken im Barrio de Santa Cruz und um die Plaza Alfalfa, die Patios und die Blumenfülle der Gärten ergänzen die Fußgängerzonen und Repräsentationsbauten.

VERKEHR

- Auf dem **Flughafen San Pablo** (Tel. 954 44 90 00; www.aena.es) landen u. a. Iberia, Lufthansa, easyJet und Ryanair. **Airport Shuttle** von der Plaza de Armas aus für 4 € (Línea EA).
- Vom **Bahnhof Santa Justa** in der Avenida Kansas City s/n fährt der Hochgeschwindigkeitszug AVE nach Madrid und Córdoba.
- Es gibt mehrere **Busbahnhöfe** in Sevilla, der große, zentrale liegt am Guadalquivir an der Plaza de Armas. Die kleineren San Bernardo, Santa Justa (am Bahnhof) und Prados de San Sebastián haben lokale Bedeutung.
- Das **innerstädtische Bussystem** ist unkompliziert. Busse mit einem C vor der Nummer verkehren auf dem Straßenring, der Sevilla umschließt. Puerta de Jerez und Plaza Nueva sind gute Umsteige- und auch Taxihalteplätze.
- Die erste der geplanten vier **Metro-Linien** verkehrt über die Puerta de Jerez quer durch die Stadt von 7.30–23.30 Uhr. Neu ist die Straßenbahn **Tranvía**, die den Prado de San Sebastián mit der Plaza Nueva über die Puerta de Jerez und das Archivo de las Indias verbindet.

WICHTIGE ADRESSEN

- **Oficinas de Turismo** findet man im Bahnhof Santa Justa, im Bus-Terminal an der Plaza de Armas, an der Plaza de San Francisco und an der Plaza del Triunfo (www.andalucia.org, www.visitasevilla.es, www.turismosevilla.org). Die **Sevilla Card,** die Touristenkarte für die Stadt, gibt es in mehreren Ausführungen. Ihr Vorteil: Man muss nicht z. B. vor dem Alcázar Schlange stehen.

UNTERWEGS IN SEVILLA

KATHEDRALE UND ALCÁZAR

ROUTE: Kathedrale Santa María › Giralda › Lonja mit dem Archivo de las Indias › Reales Alcázares › Barrio de Santa Cruz

KARTE: Seite 59
DAUER: etwa 6 Std.
PRAKTISCHE HINWEISE:
- Die Ziele liegen nah beieinander, trotzdem sollte man sich Zeit lassen.
- Tapas-Bars und Souvenirshops findet man im Barrio de Santa Cruz nordöstlich der Kathedrale.

TOUR-START:
KATHEDRALE SANTA MARÍA 1 ⭐ c4

1402 wurde mit dem Bau auf den Grundmauern der Almohadenmoschee begonnen. Kunsthistorisch interessant sind die beiden Portale aus dem 15. Jh., welche die **Puerta Mayor** a flankieren: rechts die Puerta del Nacimiento (Geburt Christi) und links die Puerta del Bautismo (Taufe Christi). Auf die Calle de los Alemanes öffnet sich die **Puerta del Perdón** b, das aus almohadischer Zeit stammende, später plateresk geschmückte »Tor der Vergebung«.

Dahinter liegt der Orangenhof, der **Patio de los Naranjos** c, der einstige Moscheehof, in dem die rituellen Waschungen vorgenommen wurden. Die **Puerta de la Concepción** d wurde erst im frühen 20. Jh. ausgestaltet. Vor der **Puerta del Lagarto** e erinnert ein hölzernes Krokodil an die erfolglose Brautwerbung des ägyptischen Sultans um die Tochter von Alfonso X.

GIRALDA f

Ein Symbol Sevillas ist die Giralda. Ab 1184 von den Almohaden als Minarett errichtet, wurde die Giralda von den Christen als Glockenturm der Kathedrale weiter genutzt. Die den Turm bekrönende Bronzefigur dient als Wetterfahne und wird wegen ihrer sich drehenden Bewegung (span. *girar* = drehen) *Giraldillo* genannt. Sie gab dem 94 m hohen Turm den heutigen Namen. Über Rampen kann man die Giralda besteigen.

IM INNERN

Durch die **Puerta del Lagarto** e betritt man das imposante Kircheninnere. Der Chor liegt im Westen, sein Gitter (16. Jh.) gilt als Meisterwerk spanischer Schmiedekunst. Der geschnitzte und vergoldete Hauptaltar im Presbyterium ist der größte der Welt – über 200 Heiligenfiguren schmücken die Altarpfeiler. 1482 begann Pieter Dancart das Werk, und fast 100 Jahre vergingen bis zur Vollendung.

Hinter dem Hauptaltar liegt die **Capilla Real** ⑨, die königliche Kapelle. Vor dem Altar ruhen in einem silbernen Sarkophag die Gebeine Fernandos III., des Heiligen, der 1248 Sevilla aus der Hand der Mauren eroberte; an den Wänden sind die Grabmäler seiner Ehefrau Beatrix von Schwaben (rechts) und seines Sohnes Alfonso X. des Weisen (links) zu sehen. In der **Sacristía Mayor** ⓗ sind neben der Prozessionsmonstranz von Juan de Arfe (16. Jh.) Gemälde von Murillo und Zurbarán *(Hl. Theresia)* ausgestellt.

Seit 1902 befindet sich das marmorne **Grabmal von Christoph Kolumbus** ⓘ in der Kathedrale. Die Abbilder der Könige von Navarra, Aragón, Kastilien und León tragen den Sarg des berühmten Seefahrers auf ihren Schultern.

In der Taufkapelle **Capilla de San Antonio** ⓙ fällt die *Vision des hl. Antonius von Padua* auf, ein Gemälde von Murillo (1656).

Öffnungszeiten: Mo 11–15.30, Di–Sa 11–17, So 14.30–18, Juli, Aug. geänderte Öffnungszeiten; Mo 16.30 bis 18 Uhr kostenlose Audiotour (auch auf Englisch) nach vorheriger Anmeldung, www.catedraldesevilla. es, 9 €, ermäßigt 4 €. Der Eintritt gilt auch für die Kirche El Salvador. Die Tickets bekommt man in beiden Kirchen.

LONJA ② ▮ c4

Die zweigeschossige Lonja (Handelsbörse) wurde von 1583 bis 1598 im strengen Renaissancestil Juan de Herreras, des Hofarchitekten Philipps II., erbaut. Seit 1785 ist hier das **Archivo de las Indias,** das Kolonialarchiv, untergebracht, dessen kostbare Dokumenten- und Kartensammlung die Beziehungen zwischen Spanien und seinen gesamten amerikanischen Kolonien belegt.

Hier hängen übrigens zwei Gemälde **Goyas,** von der Öffentlichkeit meist unentdeckt …

ⓐ Puerta Mayor
ⓑ Puerta del Perdón
ⓒ Patio de los Naranjos
ⓓ Puerta de la Concepción
ⓔ Puerta del Lagarto
ⓕ Giralda
ⓖ Capilla Real
ⓗ Sacristía Mayor
ⓘ Grabmal von Kolumbus
ⓙ Capilla de San Antonio

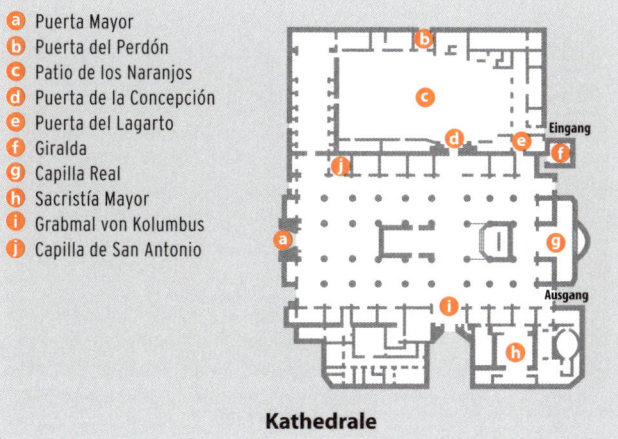

Kathedrale

REALES ALCÁZARES 3 ⭐ c4/5

Der Königspalast wurde zur Zeit der Almohaden (12. Jh.) angelegt, nach 1248 von christlichen Herrschern übernommen und bis ins 16. Jh. sukzessive erweitert, u. a. von Alfonso X, dem Sohn Fernandos III.

Man betritt die Reales Alcázares (span. *alcázar* = Burg, Palast) durch die Puerta de León. Durch den Patio de la Montería (Jagdhof) gelangt man zum Patio de León (Löwenhof).

PALACIO DE PEDRO I

Die Residenz von Peter I. dem Grausamen (1350–1369) an der Südseite des Löwenhofs gilt vielen als der schönste Mudéjarpalast des Landes.

Maurische Künstler aus Granada wirkten an der Gestaltung mit. Glasierte Fliesen, *azulejos*, verzieren Wände und Sockel.

SALONS UND INNENHÖFE

Der Palast gruppiert sich um zwei Höfe: den **Patio de las Doncellas**, einst Mittelpunkt des repräsentativen Lebens, und den kleineren **Patio de las Muñecas,** dem Zentrum des Privatlebens. Hinter dem Eingangstor führt ein winkliger Gang zum »Hof der Hofdamen«. Er ist von Galerien mit Spitzbögen umgeben. Daran grenzt eine Gartenanlage islamischer Tradition mit schmalem Wasserbecken und tief liegenden Beeten.

Südlich davon befindet sich der **Salón del techo de Carlos V,** benannt nach der Kassettendecke aus der Zeit Karls V. Nach Westen öffnet sich der Hof zum sogenannten **Salón de Embajadores.** Die den Himmel symbolisierende Kuppel mit Sternornamenten macht den »Botschaftersaal« zum Prunkstück des Alcázars.

Durch einen Nebenraum kommt man in den stimmungsvollen **Patio de las Muñecas,** den »Puppenhof«. Er verdankt seinen Namen zwei winzigen Medaillons mit Kinderköpfchen an einem der Bögen.

TOUREN IN SEVILLA

TOUR ❶ KATHEDRALE UND ALCÁZAR	TOUR ❷ DEN GUADALQUIVIR ENTLANG	TOUR ❸ PALÄSTE, KIRCHEN, KONSUMTEMPEL
1 Kathedrale Santa María	7 Stierkampfarena	16 Casa de Pilatos
2 Lonja	8 Puente de Isabel II	17 Plaza Alfalfa
3 Reales Alcázares	9 Santa Ana	18 Flamenco-Museum
4 Gärten des Alcázar	10 Torre del Oro	19 El Salvador
5 Plaza de Doña Elvira	11 Hospital de la Caridad	20 Rathaus
6 Hospital de los Venerables Sacerdotes	12 Paseo de las Delicias	21 Palacio Lebrija
	13 Palacio de San Telmo	22 Metropol Parasol
	14 Ehemalige Tabakfabrik	23 Museo de Bellas Artes
	15 Parque de María Luisa	24 Alameda de Hércules
		25 Puerta de la Macarena

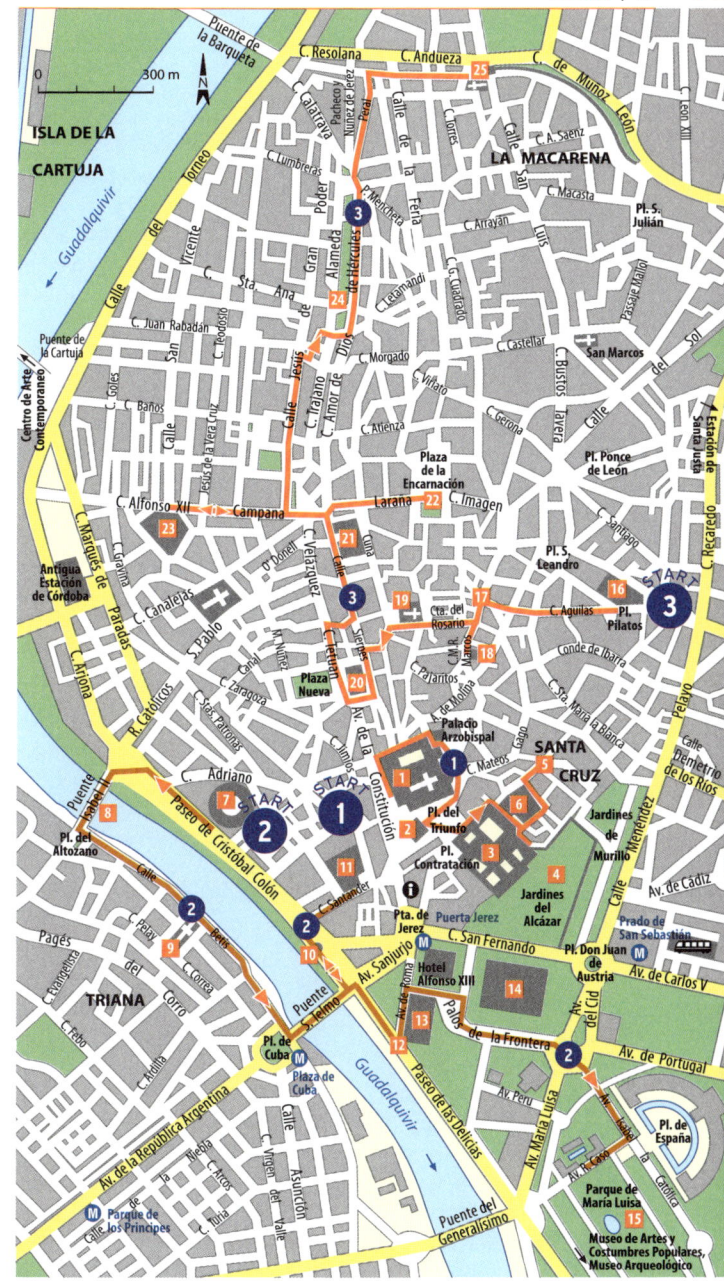

Von dort gelangt man zum **Salón del techo de Felipe II** und zum **Cuarto del Príncipe,** dem »Prinzengemach«, benannt nach dem im Alcázar geborenen Prinzen Juan, Sohn von Isabella von Kastilien und Ferdinand von Aragón.

PALAST KARLS V. UND GÄRTEN DES ALCÁZAR

Den **Palast Karls V.** betritt man durch einen Renaissancehof. Den ersten Prunksaal zieren Kopien flämischer Wandteppiche (18. Jh.), auf denen die Eroberung von Tunis durch Karl V. verherrlicht wird. Der Fliesendekor des folgenden Raums zeigt Motive aus der Neuen Welt. Südlich des Palastes erstrecken sich die herrlichen **Gärten des Alcázar** (Jardines del Alcázar) 4 c5 mit einer Fülle exotischer Pflanzen. Im 16. Jh. angelegt, wurden sie später mehrfach umgestaltet. Im 17. Jh. kam die Galería del Grutesco, »Groteskengalerie«, hinzu, von der man die gesamte Anlage überblickt.

Öffnungszeiten: April–Sept. Mo bis So 9.30–19, Okt.–März 9.30 bis 17 Uhr, 12,50 €, ermäßigt 2 €, April–Sept. Mo 18–19, Okt.–März Mo 16–17 Uhr freier Eintritt (Onlinetickets mit Angabe der Besuchszeit unter www.alcazarsevilla.org).

Um lange Schlangen zu vermeiden, empfiehlt sich ein Alcázar-Besuch in der Mittagszeit, wenn die Touristengruppen beim Essen sind.

BARRIO DE SANTA CRUZ

Eine Passage an der Südostseite des Patio de las Banderas (Fahnenhof) führt in den Barrio de Santa Cruz. Die engen Gassen des ehemaligen Judenviertels, die weißen Fassaden, schmiedeeisernen Balkone, gefliesten Innenhöfe und Blumen gleichen einem Themenpark, wie die *sevillanos* ein wenig spöttisch sagen, aber sie sind wunderschön.

Das Museum **Centro de Interpretación de la Judería** in der Calle Ximénez de Enciso 22 macht auf die jüdische Tradition und Verfolgung aufmerksam (tgl. 11–19 Uhr).

Über die Calle Judería und die Calle de la Vida gelangt man zum schönsten Platz dieses Viertels, der eleganten **Plaza de Doña Elvira** 5 c4. Der mit Azulejos dekorierte

> ### MUDÉJARKUNST
>
> Als *mudéjares* (arab. *mudayyan* = Unterworfener) wurden die in den zurückeroberten Gebieten verbliebenen Mauren bezeichnet. Die neuen christlichen Herren schätzten deren handwerkliche und künstlerische Fähigkeiten und beriefen sie zur Gestaltung ihrer Bauten.
>
> Auf diese Weise entstand im Spätmittelalter ein spezifischer Stil, der *mudejarismo*: Arabische Kalligrafie, Arabesken, Stalaktiten und geometrische Motive werden mit gotischem Schmuckwerk wie Weinblattranken und Wappen kombiniert. Während sich der Baudekor also an Formen der islamischen Kunst orientiert, entspricht die Raumauffassung der Sakralbauten zumeist jener der Gotik.

Der mit Azulejos geschmückte Brunnen auf der Plaza de Doña Elvira

Springbrunnen im Zentrum greift mit seinen Farben – Grün, Blau, Weiß, Schwarz und Gelb – und seiner Gestaltung die jahrhundertealte muslimische Tradition auf: Wasser symbolisiert Reinheit, der Pflanzenschmuck das Paradies.

Nicht weit entfernt liegt das **Hospital de los Venerables Sacerdotes** 6 c4, ein 1675 gegründetes Altersheim für Priester. Die Kapelle ist mit wertvollen Fresken von Juan de Valdés Leal und seinem Sohn Lucas Valdés ausgestattet. Über die Gassen Reinoso und Lope de Rueda erreicht man die stille **Plaza de Santa Cruz** mit einem schmiedeeisernen Kreuz (17. Jh.) im Zentrum.

Das ganze Viertel lädt mit seinen lauschigen Plätzen, stillen Passagen und versteckten Patios, netten Läden und Restaurants zu Streifzügen ein. Zu entdecken ist z. B. auch das Geburtshaus von Velázquez in der Calle Padre Luis María Llop.

TAPAS-BARS

Casa Román €€
Eine der traditionsreichsten (1934), ganz klassischen Tapas-Bars, berühmt für ihren Schinken. › mehr S. 14 Punkt 14
• Plaza de los Venerables 1
  Tel. 954 22 84 83
  www.casaromansevilla.com

Bar Giralda €
Die Bar mit Azulejos-Wänden ist ein Klassiker. › mehr S. 15 Punkt 21
• Mateos Gagos 1 | Tel. 954 22 74 35

Freiduría Puerta de la Carne €
In der stilvollen Bar kauft man eine Spezialität Andalusiens: frittierten Fisch in Papiertüten verpackt.
• Puerta de la Carne 2 | Tel. 954 41 11 59
  www.freiduriapuertadelacarne.com

Teresas €
In der winzigen Bar stehen sich am Mittag die Sevillaner die Beine in den Bauch.
• Santa Teresa 2 | Tel. 954 21 30 69

DEN GUADALQUIVIR ENTLANG

> **ROUTE:** Stierkampfarena > Puente de Isabel II > Triana > Torre del Oro > Hospital de la Caridad > Paseo de las Delicias > Parque de María Luisa
>
> **KARTE:** Seite 59
> **DAUER:** mit Pausen ein halber Tag
> **PRAKTISCHE HINWEISE:**
> - Diese Strecke lässt sich gut unterteilen, da man von der Stierkampfarena aus erst Triana einen Besuch abstattet und dann wieder auf das östliche Ufer wechselt.
> - Im einstigen Fischerviertel Triana gibt es etliche Tapas-Restaurants und Keramikgeschäfte. Auf der anderen Uferseite flankieren Terrassencafés den Guadalquivir. Sehr nett ist auch das Gartencafé im Parque de María Luisa.

Besonders an heißen Tagen – und die sind in Sevilla von Mai bis Oktober nicht selten! – ist ein Spaziergang am Guadalquivir eine Wohltat. Die Lebensader der Stadt versammelt zudem einige der wichtigsten Sehenswürdigkeiten. Von der Stierkampfarena zieht sich der Weg über das Triana-Viertel bis zum Stadtpark María Luisa mit seinen z. T. zu Museen umgewidmeten Pavillons zur Iberoamerikanischen Ausstellung und Weltausstellung 1929.

TOUR-START:
STIERKAMPFARENA 7 Cb4
Am Paseo de Colón am Ostufer des Guadalquivir liegen das Opernhaus Teatro de la Maestranza und die Stierkampfarena, der Plaza de Toros de la Real Maestranza (mit Museum; April–Okt. 9.30–21, Nov.–März 9.30–19 Uhr, Führungen auf Englisch und Spanisch; an Corrida-Tagen Infos unter Tel. 954 22 45 77, www.realmaestranza.com).

TRIANA
Die Stahlbrücke **Puente de Isabel II** 8 a4 (auch Puente de Triana genannt) aus dem 19. Jh. führt über den Guadalquivir zum Barrio de Triana, dem traditionellen Viertel der Hafenarbeiter, Handwerker und *calé*, »Zigeuner«. Von der Brücke überblickt man die Uferpromenade Paseo de Colón mit der Torre del Oro und der Stierkampfarena. Am Sevillaner Ufer wartet mit dem **Mercado de la Lonja Barranco** ein Boutiquemarkt mit Imbissständen und am Triana-Ufer das **Castillo de San Jorge,** einst Teil der Stadtbefestigung und Sitz der Inquisition. Man kann die Burg besuchen, der Eingang liegt neben dem traditionellen Triana-Markt.

Rund um die Calle Alfarería gibt es malerische **Keramikwerkstätten,** etwa das Keramikzentrum Triana in der Calle Antillano Campos, Gitarrenbauer und Flamenco-Schulen.

Die älteste Kirche des Viertels, **Santa Ana** 9 a5, wurde 1280 erbaut und im 18. Jh. barockisiert. Von der alten **Capilla de la Estrella** (Jesús de las Penas 4) geht am Palmsonntag die erste Prozession während der berühmten Semana Santa (Karwoche) aus.

RESTAURANTS
Die Uferstraße Calle Betis glänzt als Ausgehviertel. Im **Abades Triana** (Tel. 954 28 64 59, www.abadestriana.com) und im **Río Grande** (Tel. 954 27 39 56, www.riogrande-sevilla.com) speist es sich besonders fein und stimmungsvoll.

NIGHTLIFE
Die **Terraza Capote** ist nichts anderes als eine Ansammlung von Tischen und Stühlen auf Kies nebst Barkiosk unterhalb der Puente de Triana (auf der Seite von Sevilla; Puente de Isabel II). Tagsüber dort zu sitzen ist schon nett, so richtig gut wird es aber nachts, wenn bis morgens um 3 Uhr DJs auflegen.

TORRE DEL ORO 10 📖 b5
Ein Zeuge des Goldenen Zeitalters von Sevilla wartet ganz in der Nähe: Die Torre del Oro, der Goldene Turm, wurde 1220 als Wachturm für den Hafen errichtet und diente später als Gefängnis und als Zollturm (Mo–Fr 9.30–18.45, Sa, So 10.30–18.45 Uhr). Heute beginnen dort stündlich Bootsfahrten auf dem Guadalquivir › S. 71.

HOSPITAL DE LA CARIDAD 11 ⭐ 📖 b5
An der Calle Temprado liegt das Hospital der Barmherzigkeit. Das bedeutende Bauwerk des Sevillaner Barock (17. Jh.) ist einer Stiftung des Calatrava-Ritters Don Miguel de Mañara im Jahr 1662 zu verdanken, der damit für seinen ausschweifenden Lebenswandel Buße tun wollte. Eine besondere Kostbarkeit sind die Gemälde der Sevillaner Maler Murillo, Zurbarán und Valdés Leal in der Hospitalkirche. › mehr S. 17 Punkt ㉜ Diese Gemäldesammlung ist neben der des bekannten Museo de Bellas Artes › S. 68 die zweitwichtigste der Stadt (Di–Sa 9–13.30, 15.30–19, So 9–12.30 Uhr).

Eine Legende machte Mañara zum Vorbild für Don Juan, doch Tirso de Molina schrieb sein Drama über den *Verführer von Sevilla* viel früher, bereits 1638.

💬 ISLA DE LA CARTUJA

Im Nordwesten der Stadt liegt das Gelände der Expo 92, die Isla de la Cartuja. Hier befindet sich u. a. das **Centro Andaluz de Arte Contemporáneo** (CAAC, Zentrum für zeitgenössische Kunst) mit Veranstaltungen und Flamenco-Konzerten (www.caac.es, Di–Sa 11–21, So 10–15.30 Uhr, Eintritt frei).

Das Glanzstück der infrastrukturellen Veränderungen damals ist die 1992 von dem renommierten Architekten Santiago Calatrava errichtete imposante **Alamillo-Brücke,** die zum neuen Wahrzeichen der Stadt wurde. Die Fahrbahn tragen 26 Seile, aufgehängt an einem 140 m hohen schrägen Pfeiler.

Der Vergnügungspark **Isla Mágica** lädt von April bis Anfang November zu einer Reise in die Zeit des Kolumbus ein (Tel. 902 16 17 16, www.islamagica.es).

Die Kacheln der Plaza de España zeigen historische Motive aus spanischen Provinzen

PASEO DE LAS DELICIAS 12 c5

Der Paseo de las Delicias setzt den Paseo de Colón nach Süden fort. Er wurde anlässlich der Iberoamerikanischen Ausstellung 1929 entworfen und führt zum barocken **Palacio de San Telmo** 13 c5, einst der Wohnpalast von Infantin María Luisa, später Seemannsschule, Priesterseminar und heute Regierungsgebäude. Sein Skulpturenschmuck ist besonders eindrucksvoll, verewigt er doch die Größen Spaniens, u. a. Velásquez, Murillo und Bartolomé de las Casas.

An der Calle de San Fernando steht die ehemalige **Tabakfabrik** 14 ★ c5 aus dem Jahr 1725, in der heute Teile der Universität untergebracht sind. Prosper Merimée machte sie zum Schauplatz seiner Novelle *Carmen*. Sie ist unbedingt einen Besuch wert! Hier war auch eine Polizeistation eingerichtet, die darüber wachte, dass die Tabakarbeiterinnen nichts mitgehen ließen. Die Wachstube existiert noch, sie liegt gleich am Eingang. Hier also könnte Carmen Don José bezirzt haben.

PARQUE DE MARÍA LUISA 15 ★ d6

Den Stadtpark schenkte die Infantin María Luisa, Schwester Isabellas II., der Stadt. Auf dem 35 ha großen Gelände fand 1929 die Iberoamerikanische Ausstellung statt. Eine breite Allee führt zur **Plaza de España,** einer großen Platzanlage mit dem prunkvollen Palacio Central I, dem ehemaligen Pavillon des Gastgeberlandes. Den kompletten Sockel des Halbrunds zieren Bilder auf bunten Fliesen mit Szenen aus der Geschichte der Provinzen im damals populären historisierenden Stil, dem *historizisme*. Durchquert man den Park mit seinen Baumalleen und Liegeflächen, gelangt man zur **Plaza de América** mit drei früheren Ausstellungsgebäuden.

Im Pabellón Mudéjar befindet sich heute das **Museo de Artes y Costumbres Populares** (Volkskundemuseum). Es zeigt Trachten, Möbel, Haushaltsgegenstände sowie volkstümliche Azulejos (Di–Sa 9 bis 20.30, So 9–14.30 Uhr).

Sehenswert ist auch das gegenüber im Pabellón Plateresco untergebrachte **Museo Arqueológico.** Sein Highlight sind die Funde aus der römischen Ausgrabungsstätte Itálica (Juni–Sept. tgl. 9–15, sonst Di–Fr 9–20, Sa, So 9–15 Uhr).

PALÄSTE, KIRCHEN, KONSUMTEMPEL

> ROUTE: Casa de Pilatos > Plaza Alfalfa > Flamenco-Museum > El Salvador > Calle Sierpes > Rathaus > Palacio Lebrija > Museo de Bellas Artes > Alameda de Hércules > La Macarena
>
> KARTE: Seite 59
> DAUER: Wer es entspannt angehen möchte, nimmt sich am besten einen ganzen Tag Zeit für diese Tour
> PRAKTISCHE HINWEISE:
> - Das Besichtigungspensum bei dieser Tour ist enorm, dafür sehr abwechslungsreich.
> - Pausen macht man an der Plaza Alfalfa und im Café Campana am Ende der Calle Sierpes.
> - Den Tag kann man in einem der Terrassencafés an der Alameda de Hércules ausklingen lassen.
> - Ein Stadtplan ist wegen der vielen kleinen Gässchen nützlich.

TOUR-START:
CASA DE PILATOS 16 ⭐ d3
Der Adelspalast aus dem 16. Jh. ist heute die Residenz der Herzöge von Medinaceli. Er fasziniert durch die eigenwillige Kombination mehrerer Stilrichtungen. Den zweigeschossigen Haupthof ziert reicher Stuckdekor, an den Wänden ist eine Fliesendekoration (1536–1538) zu sehen, die Wandteppiche imitiert. Büsten römischer Herrscher schmücken die Wandnischen. Rechts liegt der Salón del Pretorio, durch den man den Jardín Chico, den Kleinen Garten, erreicht; durch den Salón de la Fuente linker Hand hat man Zugang zum Jardín Grande. Das Treppenhaus wird von einer prächtigen hölzernen Kuppel geziert (April–Okt. tgl. 9–19, sonst bis 18 Uhr, 10–12 €).

PLAZA ALFALFA 17 c3
Die Calle Aguilas führt zur volkstümlichen Plaza Alfalfa. Auf diesem malerischen Platz breiten sich unter Schatten spendenden Bäumen Cafés und Tapas-Bars aus. Bei einem Bummel durch die Einkaufspassagen mit Geschäften für Schmuck, Stoffe, Accessoires und Schuhe stört kein Autoverkehr.

TAPAS-BARS

Bar Europa €
Seit den Anfängen des 20. Jhs. ein Hort bester traditioneller Tapas-Kultur.
• Plaza de Pan/Calle Siete Revueltas

FLAMENCO-MUSEUM 18 c4

Von der Plaza Alfalfa entführt ein kleiner Abstecher zum **Museo del Baile Flamenco,** dem Museum für Flamenco-Tanz. Gründerin Cristina Hoyos ist wohlbekannt, sie tanzte u. a. mit Antonio Gades in Carlos Sauras Filmen *Carmen* und *Bluthochzeit.*

Hier ist Interaktivität Prinzip – ein ausgezeichnetes Museum für Tanz, Stile, berühmte Interpreten und Musik, das dem Flamenco jenseits von Folklorekitsch seine historische Dimension verleiht. Dazu gibt es Vorführungen (17, 19, 20.45 und 22.15 Uhr), eine kleine Boutique und Flamenco-Kurse (C. Manuel Rojas Marcos 3, Tel. 954 34 03 11, www.museoflamenco.com, tgl. 10 bis 19 Uhr).

EL SALVADOR 19 c3

Die spätbarocke Kirche El Salvador, die an der Stelle der ersten Freitagsmoschee der Stadt entstand, wurde renoviert, und man kann auch den Patio für die rituellen Waschungen sehen, der von dem islamischen Vorgängerbau erhalten blieb.

Das Kircheninnere beeindruckt durch die prächtige barocke Ausstattung, besonders durch den goldbedeckten deckenhohen Altar. Hier ist einer der berühmten *pasos* zu finden, Tragebühnen, die während der Semana Santa in Prozessionen durch die nächtliche Stadt getragen werden › Seitenblick S. 72.

Vor der Kirche herrscht zu fast jeder Tageszeit ein herrliches Gewühle, und ganz in der Nähe liegen einige schöne Geschäfte für Flamenco-Mode, etwa **De Lunares y Volantes** (Cerrajeria11) oder **Sonibel** (Calle Cuna 24).

CALLE SIERPES

Auf dem Weg zur Plaza San Francisco mit dem alten Rathaus wird die Calle Sierpes gequert, ein wahres Einkaufsparadies, zum Beispiel für Mode, Schmuck, *mantillas,* Porzellan und Schuhe.

👍 ORIGINELLE MUSEEN

- Andalusien war einmal eine Hochburg der Banditen – seit *Carmen* wissen wir das. In Ronda hat man ihnen das **Museo Bandolero** gewidmet. › S. 94
- Ein weiteres empfehlenswertes Museum in Ronda ist das **Stierkampfmuseum** direkt in der Arena. › S. 94
- Wer die Ansicht vertritt, Uhren hätten ausschließlich praktischen Nutzen, wird im **Uhrenmuseum** in Jerez de la Frontera eines beförenden Besseren belehrt. › S. 108
- Oliven bilden eine der wichtigsten Einnahmequellen Andalusiens. Also ist ein **Olivenmuseum** hier – in der Hacienda la Laguna in Baeza – genau richtig. › S. 141

Flamenco zählt seit 2010 zum immateriellen Weltkulturerbe der UNESCO

Stöbern Sie aber unbedingt auch in den Nebenstraßen, denn hier haben nicht nur spanische Designer, z. B. Castañer mit seinen luxuriösen Alpargatas, und die Modeketten Zara, Berksha und Massimo Duti ihre Flagship-Stores, sondern auch die traditionellsten aller Traditionsparfümerien, dazu kommen Spezialläden für Porzellan, Uhren und Spitzenumhänge.

RATHAUS 20 b4
An der Plaza San Francisco erhebt sich das **Ayuntamiento,** ein Prunkstück des platteresken Stils. Der weite Platz davor wird gerne für Freilichtaufführungen genutzt.

Die Traditions-Confitería La Campana an der Plaza Campana stellt verführerische Torten her.

PALACIO LEBRIJA 21 b3
Parallel zur Calle Sierpes verläuft die Calle Cuna, in der der Palast der Gräfin von Lebrija aus dem 16. Jh. steht. Die Räume des Palastes sind denen einer antiken römischen Villa nachempfunden, die Fußböden zeigen Mosaike, die aus der einstigen Römerstadt Itálica › S. 71 stammen (Mo–Fr 10.30–19.30, Sa 10–14, 16 bis 18, So 10–14, Juli, Aug. Mo–Fr 9–15, Sa 10–14 Uhr, 10 €, www.palaciodelebrija.com).

In der Straße (Nr. 6) gibt es auch eine Flamenco-Bühne in einem historischen Patio-Haus mit einem kleinen Ausstellungs- sowie Verkaufsraum, die **Casa de la Memoria** (www.casadelamemoria.es).

METROPOL PARASOL 22 c3
Von hier ist es nur ein Katzensprung zur Plaza Encarnación, die heute von einer riesigen, seltsamen Holzkonstruktion dominiert wird, dem nach mehrjähriger Bauzeit entstandenen Metropol Parasol des deutschen Architekten Jürgen Mayer H. › mehr S. 15 Punkt 24

Es ist eine hoch gelegene Passage mit Aussichtspunkten, darin gibt es Restaurants, Geschäfte, einen Lebensmittelmarkt und in situ eine der wichtigsten Fundstellen römischer Kultur auf Sevillaner Boden (Di–Sa 10–20, So 10–14 Uhr). Ein Teil ist auch von außen – unter Glas liegend – sichtbar.

MUSEO DE BELLAS ARTES 23 ★ a3

Das verschwenderisch ausgestattete Kunstmuseum im einstigen Mercedarierkloster aus dem 17. Jh. westlich der Plaza Campana liefert einen Überblick über die südspanische Malerei seit dem 15. Jh. Bedeutend ist die Sammlung barocker Gemälde, v. a. der Sevillaner Schule mit Werken von Zurbarán und Valdés Leal. Der Clou allerdings ist die Präsentation der Gemälde von Estéban Murillo in der hochgewölbten Klosterkirche. Konzentration und Ruhe findet man im begrünten Kreuzgang (Plaza del Museo 9, 16. Juni bis 15. Sept. Di–So 10–15, 16. Sept. bis 15. Juni Di–Sa 9–20, So 10–15 Uhr).

ALAMEDA DE HÉRCULES 24 b2

Etwas weiter östlich liegt die Alameda de Hércules. Sie ist mit zwei Säulen des Foro Romano von Sevilla geschmückt (weitere, die zum selben Gebäude damals gehörten, findet man im Barrio Santa Cruz). Früher hielten die Bewohner in ihren Hinterhöfen Ziegen, in den Vorderhäusern stellten sich die Schönen der Nacht aus. Jetzt gibt es hier, in der Calle Calatrava und der Calle Fresia, witzige Designermode sowie Bars, Lounges und Cafés.

Die Alameda ist ein äußerst sympathischer neuer Hotspot inkl. Gin-Bars, Lesecafé und Kinderspielplatz. Ein Tipp ist das **Al Aljibe** (www.alaljibe.com, €€), ein leicht bohemienhaftes Gartenrestaurant, das außergewöhnliche Tapas serviert.

LA MACARENA

Im nördlichen Viertel Macarena steht an der Ronda de Sevilla die alte **Puerta de la Macarena** 25 c1. In der 1949 vollendeten **Basílica de la Macarena** thront über dem Hauptaltar die Figur der Virgen de la Esperanza, genannt La Macarena. Dieser Marienfigur (17. Jh.) werden alljährlich zur Semana Santa die Juwelen der Herzogin von Alba angelegt. In der Nacht von Donnerstag auf Karfreitag hat sie ihren großen

Die Virgen de la Esperanza, Jungfrau der Hoffnung, in der Basílica de la Macarena

Auftritt. Im angrenzenden **Museum** sind Festgewänder, Schmuckstücke sowie die *tronos* ausgestellt, die in der Nacht auf Karfreitag zur Kathedrale getragen werden (Kirche Mo bis Sa 9–13, 17–20, So ab 9.30 Uhr).

Donnerstagvormittags lohnt sich ein Besuch des **Flohmarkts** in der Calle Feria.

HOTELS
Alfonso XIII €€€
Das spektakulärste Grandhotel der Stadt, mit gepflegtem Park und Pool. Eindeutig der Star – vielleicht sollte man auf eine Übernachtung sparen?
- San Fernando 2 | Tel. 954 91 70 00
  www.hotel-alfonsoxiii-sevilla.com

EME Catedral Hotel €€€
Superschick, supercool und teuer. Punktet u. a. mit zentraler Lage. Mit Restaurants, Spa, Tapas-Bar und Lounges.
- Alemanes 27 | Tel. 954 56 00 00
  www.emecatedralhotel.com

Casa Sacristía Santa Ana €€
Das Hotel in einem restaurierten Adelshaus mit Patio aus dem 17. Jh. hat 25 individuell gestaltete Zimmer, ein bisschen barock, ein bisschen klassisch.
- Alameda de Hércules 22
  Tel. 954 91 57 22
  www.hotelsacristia.com

Hotel Adriano €€
Liegt supergut im Arenal zwischen Torre del Oro und Kathedrale und ist trotzdem ruhig. Etwas plüschige Zimmer im Finde-Siècle-Stil; mit Café-Restaurant, Dachterasse. Freundlicher Service.
- Calle Adriano 12 | Tel. 954 29 38 00
  www.adrianohotel.com

Las Casas de la Judería €€
Historischer Patio-Palast mit stilvoller andalusischer Einrichtung und Dachpool.
- Plaza Santa María la Blanca 5 (Alfalfa)
  Tel. 954 41 51 50
  www.lascasasdelajuderiasevilla.com

Hostal Sierpes €
Das Ambiente ist mit viel Liebe zum nostalgischen Detail gestaltet.
- Corral del Rey 22 | Tel. 954 22 49 48

RESTAURANT
La Albahaca €€€
Vornehm eingerichtet in einem Palast aus der Zeit um 1900; exquisite Karte.
- Plaza de Santa Cruz 12
  Tel. 954 22 07 14 | So geschl.

👍 URIGE BODEGAS
- In der rustikalen **Bodega Díaz-Salazar** € b4 in **Sevilla** plaudert man am Tresen oder sitzt zwischen Weinfässern (C. García Vinuesa 20, Mo–Sa 11.30–15, 19 bis 0.30, So 11.30–15 Uhr).
- Die urige **Bodega Santa Cruz** in **Sevilla** ist laut, klein und damit typisch spanisch (tgl. 11.30 bis 24 Uhr). > S. 70
- Die **Antiguas Bodegas Castañeda** in **Granada** sind im Stil alter Tavernen gehalten. Jede Menge gute Happen und dazu eine große Weinauswahl. > S. 87
- Die **Taberna Salinas** in **Córdoba** bietet neben der viel besuchten Bodega auch eine Tapas-Bar. Tradition seit 1879. > S. 136

TAPAS-BARS

Das liebste Abendprogramm der Sevillaner ist, von einer Tapas-Bar in die nächste zu ziehen. Traditionsreich und originell sind **El Rinconcillo** (Gerona 40, www.elrinconcillo.es), **La Giralda** (Mateos Gago 1, www.cerveceriagiralda.com) und **Bodega Santa Cruz** (Rodrigo Caro, Tel. 954 21 86 18). Empfehlenswert an der Plaza Alfafa: **Los Caracoles** (Tel. 954 21 31 72), sonst: **Enrique Becerra** (Gamazo 2, enriquebecerra.com) und **Espacio Eslava** (Eslava 3, www.espacioeslava.com). **Bar Estrella** (Estrella 3, www.barestrellasevilla.com) ist eine Institution: alt, beliebt, beste Häppchen.

SHOPPING

Sevilla ist ein Einkaufsparadies für Mode, Schuhe, Mantillas, Spitzen, Hüte – besonders rund um die Calle Sierpes und die Kirche El Salvador. Auch die wohl bestückten Märkte sind besuchenswert, z. B. **Mercadillo de Arte** (Paseo de la O, Puente de Triana, Sa, So 9–14 Uhr) und **El Postigo** (Calle El Arfe) für Kunsthandwerk oder die **Lebensmittelmärkte** in Arenal und Triana.

Juan Foronda
1923 gegründetes Fachgeschäft für handbestickte Schultertücher aus Seide *(mantones), mantillas*, Fächer, Flamenco-Kleider und Zubehör. > mehr S. 19 Punkt
- Calle Sierpes 33
  Tel. 954 22 76 61
  juanforonda.com

SoHo Benita
So nennt sich das Geviert zwischen Alfalfa und Plaza Encarnación, in dem sich entlang seiner Hauptader Calle Pérez Galdos Designshops, Boutiquen sowie kleine Restaurants und Bars angesiedelt haben.

Taller de Diseño
Angela und Adela entwerfen und schneidern sogar für Jean Paul Gaultier und ansonsten für jede Dame, die ihre sorgfältig gearbeiteten und fantasievollen Kreationen im Vintage-Stil tragen mag (zwischen 500 und 800 Euro).
- Calle Luchana 6 | Tel. 954 22 71 86

NIGHTLIFE

Teatro Central
Bühne für Musik, Theater, Tanz.
- José de Gálvez | Isla de la Cartuja
  Tel. 955 03 72 00

Teatro de la Maestranza
Gastspiele aus den Bereichen Oper, Musik, Flamenco und Ballett.
- Paseo de Cristóbal Colón
  Tel. 954 22 33 44
  www.teatrodelamaestranza.es

💬 DER FLAMENCO HAT EINE MESSE

Alle zwei Jahre im September (nächster Termin 4.9.–4.10. 2020) findet u. a. im **Espacio Santa Clara** (Calle Becas s/n, Tel. 955 47 13 02) in der Nähe der Calle Feria eine internationale Flamenco-Messe statt, die von Veranstaltern, Musikern, Plattenfirmen und Instrumentenherstellern frequentiert wird. Sie gilt als eines der bedeutendsten Treffen der Flamenco-Spezialisten. Für Fans eine gute Gelegenheit, Konzerte zu besuchen, Podiumsdiskussionen mitzuerleben oder schlicht eine Modenschau zu verfolgen (www.labienal.com).

Teatro Lope de Vega
Hochklassige Gastspiele von Theater- und Flamenco-Gruppen, Konzerte.
- Avda. de María Luisa | Tel. 955 47 28 28 www.teatrolopedevega.org

FLAMENCO

Wer einen reinen Flamenco-Abend erleben will, sollte die Tablaos **El Arenal** (Rodo 7, Tel. 954 21 64 92) oder **Los Gallos** (Plaza de Santa Cruz, Tel. 954 21 69 81) besuchen. Im **Patio Sevillano** (Paseo de Colón 11, Tel. 954 21 41 20) und im **Palacio Andaluz** (Avda. Auxiliadora 18, Tel. 954 53 47 20) schließen die Flamenco-Shows auch weitere Tänze ein. Eine gute Adresse rund um den Nationaltanz ist das **Flamenco-Museum** > S. 66.

AKTIVITÄTEN
Perlas del Guadalquivir
Einen besonderen Blick auf die Sehenswürdigkeiten der Stadt bekommt man, wenn man mit einem kleinen Boot den Guadalquivir hoch- und runterschippert.
- Paseo Marqués del Contadero (nahe des Torre del Oro > S. 63) Tel. 954 56 16 92
  www.perlasdelguadalquivir.com
  Aug.–Sept. Abfahrten Di–So 10.30, 12, 13.30, 18, 19.30, 21 Uhr, 12 €, Kinder bis 12 Jahre gratis

AUSFLÜGE AB SEVILLA

RUINEN VON ITÁLICA C3

Der 206 v. Chr. gegründete Ort 8 km nördlich von Sevilla (erreichbar über die A-66) ist die älteste römische Gründung auf spanischem Boden und Geburtsstätte der römischen Kaiser Trajan und Hadrian. Zu besichtigen sind das Villenviertel aus dem 2. Jh. n. Chr. und das Amphitheater. Links vom Amphitheater beginnt der *Cardo maximus*, die ehemals äußerst prächtige Hauptachse der Stadtanlage. Man kann die Grundrisse der Atriumhäuser noch gut erkennen. Unter den hier verbliebenen Mosaiken sind neben dem Planetenmosaik mit Büsten der sieben Planetengötter das Neptunmosaik und in der Casa de los Pájaros ein Mosaik mit Vogelabbildungen besonders schön (www.museosdeandalucia.es, April–Sept. Di bis Sa 9–19.30, Sa, So 9–15.30, sonst 9–17.30 Uhr).

PARQUE NACIONAL COTO DE DOÑANA B4

Das »Jagdrevier von Doña Ana«, ca. 75 km südwestlich von Sevilla im Mündungsdelta des Guadalquivir, gehörte einst den Herzögen von Medina Sidonia. 1969 wurde das Gebiet als Nationalpark ausgewiesen > S. 41. Der heute rund 54 250 ha große Park weist drei unterschiedliche Landschaftsräume auf: ausgedehnten Buschwald, einen Wanderdünengürtel und zwischen diesen beiden Sumpfland *(marismas)*. Dieses Feuchtgebiet ist ein Paradies für über 250 Vogelarten, die hier brüten, überwintern oder rasten.

Von Sevilla aus ist das **Besucherzentrum El Acebuche** bei Matalascañas an der Playa de Castilla in zwei Stunden zu erreichen; dort können Jeeptouren gebucht oder Wanderungen unternommen werden, auf denen man selbstverständlich nur den ausgeschilderten Wegen folgt (Tel. 959 44 24 74, donanareservas.com).

Die Bruderschaftsmitglieder in ihren Bußgewändern

PROZESSIONEN NACH STUNDENPLAN

Für viele ist es die glanzvollste, aufregendste Woche im Jahr: die Karwoche Semana Santa. In Andalusien wird sie fast überall überwältigend prachtvoll begangen, am spektakulärsten fällt sie in Sevilla und Málaga aus. Die Innenstädte duften in dieser Zeit nach Weihrauch – man kann sich diesem Zauber kaum entziehen.

Wann und wo die einzelnen Prozessionen beginnen und auf welchen Straßen sie entlangziehen, kann man den Stundenplänen entnehmen, die in den Tageszeitungen abgedruckt werden, sowie speziellen Programmen, die überall in der Stadt ausliegen. Ihren Höhepunkt erreicht die Semana Santa in Sevilla mit La Madrugá, der Nacht von Gründonnerstag auf Karfreitag. Dann werden nach Mitternacht so berühmte Prozessionsfiguren wie der Cristo del Gran Poder und die Virgen Esperanza Macarena aus ihren angestammten Kirchen herausgetragen. Infos (auf Spanisch): www.semana-santa.org speziell zur Karwoche in Sevilla.
> mehr S. 12 Punkt ❶

Doch auch an anderen Orten lassen sich eindrucksvolle Momente erleben, etwa in Granada, wenn am Ostersonnabend gegen 20 Uhr eine Prozession durch die Puerta de la Justicia, das arabische Tor der Alhambra, hinunter in die Stadt zieht.

DER WICHTIGSTE TAG IM JAHR

Auf diese Woche warten die Bruderschaften (cofradías) das ganze Jahr; sie fiebern dem Tag entgegen, an dem sie ihre mit Blumen und Kerzen geschmückten *pasos* durch die Straßen tragen dürfen. Auf den schweren hölzernen Tragebühnen sind mit lebensgroßen Figuren Szenen der Leidensgeschichte Jesu nachgebildet. In Sevilla allein sind es nahezu 60 Bruderschaften, denen ein bestimmter Tag und eine Uhrzeit zugewiesen werden, um von ihren Pfarrkirchen zur Kathedrale und wieder zurück zu pilgern. Teilweise sind neun Prozessionszüge gleichzeitig unterwegs, die Straßen vibrieren förmlich von Trompeten- und Trommelklängen. Jeder Prozession wird ein Kreuz vorangetragen, gefolgt von *nazarenos,* den in Bußgewänder gekleideten Bruderschaftsmitgliedern. Dann kommen die *pasos,* getragen von bis zu 250 *costaleros* (von *costal,* dem Sack, der Kopf und Schultern der Träger schützt). Sie können hinter der Samtverkleidung der *pasos* nichts sehen und werden allein durch die Stimme und die Klopfzeichen ihres Anführers geleitet. Oft proben sie monatelang für diesen Tag, und es gilt als Ehre, einen *paso* unentgeltlich mittragen zu dürfen. Hinter den *pasos* gehen die Musikkapellen. Wer nicht zur Semana Santa in Andalusien sein kann, gewinnt im **Museo de la Basílica de la Macarena** in Sevilla (Calle Bécquer 1, Mo–Sa 9–14, 17–21 Uhr) einen Eindruck von der Pracht der *pasos,* die dort ganzjährig zu sehen sind › S. 68. Ausgestellt sind außerdem Prunkmäntel und Schmuck der Virgen sowie weiteres Zubehör aus dem Besitz der Bruderschaft (www.hermandaddelamacarena.es).

IM FOKUS DER VEREHRUNG

Die meisten Bruderschaften besitzen zwei *pasos*, von denen der erste Christus gewidmet ist und Szenen wie die Geißelung, den Kreuzweg oder die Kreuzigung zeigt.

Der zweite ist von einem Baldachin überspannt, unter dem allein die trauernde Gottesmutter steht, kostbar gekleidet wie eine Königin.

Die ganze Pracht der geschnitzten Figuren, der silbernen Leuchter und gestickten Baldachine ist so wertvoll, dass die Prozessionen bei Regen leider abgesagt werden müssen – das sind dann schwere Tage für die Andalusier, denn die Semana Santa hat trotz ihres tiefreligiösen Kerns eben auch einen fröhlichen Festcharakter.

Wertvolle Prozessionsfiguren verlassen in der Karwoche ihre Kirchen

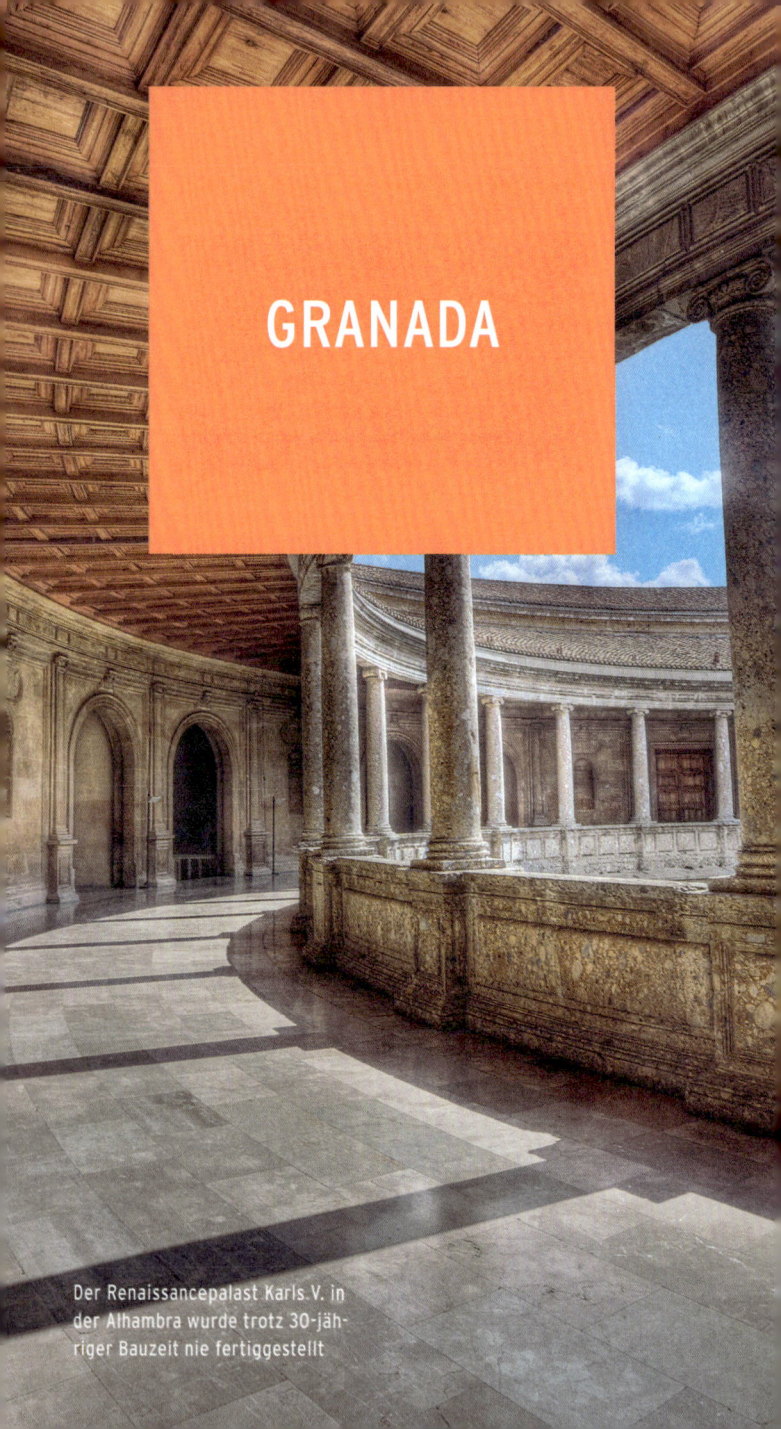

GRANADA

Der Renaissancepalast Karls V. in der Alhambra wurde trotz 30-jähriger Bauzeit nie fertiggestellt

GRANADA

Auf den drei Hügeln Albaicín, Sacromonte und Sabika am Nordwestrand der schneebedeckten Sierra Nevada erbaut, gleitet die andalusische Provinzhauptstadt sanft in die fruchtbare Talebene des Genil hinab.

Einst begründete die Landwirtschaft den Wohlstand, mittlerweile umgürten Neubauviertel die Stadt mit ihren 240 000 Einwohnern. Granada heute ist modern, lebendig, elegant und hat eine der größten Universitäten des Landes.

Zur Blüte gelangte die kleine vorrömische Siedlung unter islamischer Herrschaft. Mohammed I. (1238 bis 1273) ließ den Grundstein zur Alhambra legen, der einzigen in ihrer Gesamtheit weitgehend erhaltenen mittelalterlichen Palastanlage der islamischen Welt. 1492 bereiteten die Katholischen Könige der letzten islamischen Enklave auf spanischem Boden ein Ende.

Neben der wunderbar gelegenen Alhambra zieht der benachbarte Hügel Albaicín die Besucher in seinen Bann. Einst das Viertel der Handwerker, ist er heute mit *carmenes*, Landhäuschen, übersät. Im Labyrinth aus Gassen und Plätzen kann man sich leicht (und gern) verlieren. Der Darro, der im Tal zwischen Alhambra und Albaicín sprudelt, dient als Orientierung.

Ebenfalls obligatorisch für Besucher ist die Kathedrale aus dem 16. Jh. mit der Capilla Real, in der bedeutsame Kunstschätze aus dem Besitz der Katholischen Könige zu bestaunen sind. Es schließt sich die Alcaicería an, der frühere arabische Seidenmarkt. Ebenso charmant sind die vielen Plätze und *paseos* in der eleganten Innenstadt, so die Plaza Bib-Rambla, die Plazas Nueva, Santa Ana, del Carmen und Mariana Pineda sowie der Paseo de la Bomba.

VERKEHR

- Der **Flughafen** liegt 13 km westlich von Granada (www.granadaairport.com); Bus-Shuttle in die Stadt (3 €).
- Den **Bahnhof** finden Sie an der Avda. de los Andaluces s/n.
- Das **städtische Busnetz** ist gut ausgebaut. An der Plaza Nueva liegen die Haltestellen für die Alhambra und den Albaicín (alle 10 Min.). Auch zum etwas entlegenen Busbahnhof (Ctra. de Jaén, Tel. 958 18 54 80) gibt es Verbindungen, ebenso zum Kartäuserkloster (Gran Vía). Einige der Linien in die Alpujarras halten am Palacio de Congresos. Für einen Überblick über die Sehenswürdigkeiten der Stadt lohnt der **Tren Turístico** im Hop-on-Hop-off-System für 8 € (granada.city-tour.com).

WICHTIGE ADRESSEN

- Die **Información Turística** liegt zentral an der Plaza del Carmen; Filialen: Calle Santa Ana 2 und Cárcel Baja 3.
Die **Granada Card** gibt es in verschiedenen Ausführungen; sie ist gültig für die Hauptsehenswürdigkeiten und den Stadtverkehr.
www.granadatur.com (Stadt)
www.turgranada.es (Provinz)
www.granadainfo.com

UNTERWEGS IN GRANADA

DURCH DIE ALHAMBRA

ROUTE: Alhambra > Generalife > Campo del Príncipe

KARTE: Seite 78
DAUER: Für die Alhambra und die maurischen Gärten Generalife sollten Sie mindestens einen halben Tag einkalkulieren. Der Spaziergang über den Antequeruela-Hügel hinab zum Campo del Príncipe dauert etwa eine halbe Stunde.

PRAKTISCHE HINWEISE:
- Mit dem Pkw fahren Sie über die Stadtautobahn Richtung Sierra Nevada und folgen dann der Ausschilderung »Alhambra«.
- Mit dem Bus geht es ab Plaza Nueva in rund 5 Min zur Alhambra.
- Auch ein Spaziergang die Cuesta de Gomérez hinauf ist schön, weil sich die Cuesta später in eine schattige Allee wandelt.
- Die Besuchszeiten des Nasridenpalasts werden beim Kauf der Eintrittskarte festgelegt und müssen eingehalten werden, da sie sonst verfallen.
- Am Ende dieser Besichtigungstour kann man sich wunderbar in den Tapas-Bars am Campo del Príncipe stärken.

TOUR-START:
ALHAMBRA 4 e5/6

Das Selbstverständnis der islamischen Herrscher war vom Bewusstsein der Vergänglichkeit geprägt. Ihre Paläste waren Wohnsitze für die Gegenwart, luxuriös ausgestattet, aber aus wenig dauerhaftem Material gebaut. Auf besondere Fassadengestaltung wurde verzichtet. In der Alhambra gruppieren sich mit Wasserspielen versehene Innenhöfe aneinander, die man über verwinkelte Gänge betritt. Der überreiche Dekor und der verschwenderische Umgang mit Wasser veranschaulichen den Reichtum der Bewohner.

Den Namen *kalat al-Hamra,* rote Festung, bekam die Palaststadt vermutlich wegen ihrer rötlichen Umfassungsmauern. Auf halbem Weg passiert man die **Puerta de las Granadas,** an der das Symbol der Stadt (drei geöffnete Granatäpfel), das Wappen Karls V. sowie allegorische Figuren des Friedens und des Wohlstands prangen. Südlich vom Tor befinden sich die **Torres Bermejas** aus dem 11./12. Jh., ein Vorwerk der Wehranlagen der Alhambra.

Am turmbewehrten Mauerring entlang erreicht man das moderne Eingangsgebäude. Einst war die mächtige **Puerta de la Justicia,** also das Tor der Gerechtigkeit, der Hauptzugang. Über ihrem äußeren Torbogen ist eine Hand dargestellt, deren Finger die fünf Säulen des Islams symbolisieren: das öffentliche Glaubensbekenntnis, fünfmaliges Gebet am Tag, Fasten im Ramadan, das Almosengeben und die Pilgerfahrt nach Mekka).

Über die Plaza de los Aljibes erreicht man die Festung, die **Alcazaba,** den ältesten Teil der Alhambra aus dem 13. Jh.

PALAST KARLS V. 1 e5

Im Jahr 526 beauftragte Karl V. den Hofarchitekten Pedro Machuca (um 1490–1550) mit dem Palastbau im Renaissancestil, dem ein Teil der Alhambra zum Opfer fiel. Die rechteckige Anlage mit rundem Innenhof wurde nicht vollendet. Heute ist im Obergeschoss das **Museo de Bellas Artes** eingerichtet (Di–Sa je nach Jahreszeit 9–18/20, So 9 bis 15 Uhr; genaue Öffnungszeiten unter www.museosdeandalucia.es).

Im Erdgeschoss des Palastes Karls V. präsentiert das **Museo de la Alhambra** eine ausgezeichnete Sammlung zur islamischen Kultur Spaniens sowie wechselnde Ausstellungen (15. März–14. Okt. Mi bis Sa 8.30–20, Di, So 8.30–14.30 Uhr, 15. Okt.–14. März 8.30–18, Di, So 8.30–14.30 Uhr, www.museosdeandalucia.es).

NASRIDENPALAST 2 ⭐ e5

Vorbei an den **Jardines de Machuca** geht es zum Palast – das Nonplusultra jeder Granadavisite. Zwei Trakte blieben weitgehend erhalten: der Myrtenhof aus der Zeit Jusufs I. (1333–1354) und der unter Mohammed V. (1354–1391) erbaute Löwenhof.

Zuerst betritt der Besucher den **Mexuar** a, einst der Audienz- und Gerichtssaal der Nasridenfürsten, der nach der Rückeroberung zur Kapelle umfunktioniert wurde. Ihm

---

> 💬 **ALHAMBRA-BESUCH**

Da die Besucherzahl der Alhambra beschränkt ist, empfiehlt es sich, die Eintrittskarten frühzeitig im Internet zu bestellen: www.granada-online.de oder www.alhambradegranada.org. Beide Webseiten sind auf Deutsch und liefern einen kleinen Reiseführer gleich mit. An der Kasse der Alhambra im Eingangsgebäude (Pabellón de Acceso) beim Parking del Generalife können ab 8 Uhr für den jeweiligen Tag Tickets gekauft werden. Auf ihnen ist die Einlasszeit in den Nasridenpalast angegeben, an die man sich unbedingt halten muss, da sie sonst verfällt (von der Kasse bis zum Palast geht man rund 20 Min.). Alcazaba und Generalife sowie der Palast Karls V. sind ohne vorgegebene Einlasszeiten zugänglich (März–Okt. tgl. 8.30–20 Uhr, Nov.–Feb. bis 18 Uhr).

Sehr romantisch ist ein nächtlicher Besuch des Alhambrapalastes, wenn die Räume angestrahlt werden und der Stuckdekor besonders plastisch hervortritt (März–Okt. Di–Sa 22–23.30, Nov.–Feb. Fr, Sa 20–21.30 Uhr; www.alhambra.org; Eintrittskarten können von 21.30–22.30 Uhr bzw. 19.30–20.30 Uhr an der Kasse erworben werden, sollten aber vorbestellt werden). › **mehr S. 15 Punkt** 23

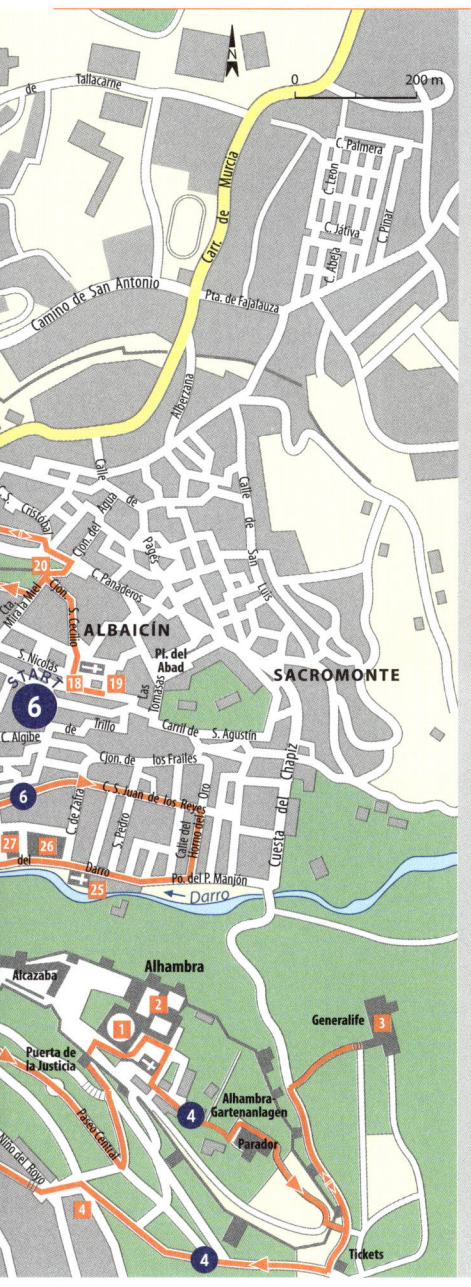

TOUREN IN GRANADA

TOUR 4

DURCH DIE ALHAMBRA

1. Palast Karls V.
2. Nasridenpalast
3. Generalife
4. Museo Manuel de Falla
5. Campo del Príncipe

TOUR 5

DURCH DIE ALTSTADT

6. Plaza Nueva
7. Palacio de la Audiencia
8. Kirche Santa Ana
9. Casa de los Tiros
10. Corral del Carbón
11. Alcaicería
12. Capilla Real
13. Kathedrale
14. Monasterio San Jerónimo
15. Hospital San Juan de Dios
16. Jardines del Triunfo
17. Puerta Elvira

TOUR 6

DURCH DEN ALBAICÍN

18. Mirador San Nicolás
19. Moscheegärten
20. Puerta Nueva
21. Mirador San Cristóbal
22. Dar al-Horra
23. Kloster Santa Isabel la Real
24. Kirche San José
25. Kirche San Pedro
26. Casa de Castril
27. Bañuelos Árabes
28. Kartäuserkloster
29. Parque de las Ciencias

Wasser als luxuriöses Architekturelement im zentralen Myrtenhof

schließt sich ein kleines Oratorium an. Der angrenzende **Patio del Mexuar** b führt zum Haupttrakt des Palastes. An seiner Nordseite befindet sich das Goldene Zimmer, **Cuarto Dorado** c, das nach der mit Goldmustern verzierten Decke benannt wurde.

Der benachbarte **Myrtenhof** d ist das architektonische Herzstück der Anlage; er bildete zur Zeit von Jusuf I. das Zentrum des höfischen Lebens. Sein wichtigstes Gestaltungselement ist das von Myrtenhecken umgebene schmale rechteckige Wasserbecken.

An der Nordseite des Myrtenhofes steht die Torre de Comares, deren äußere Schlichtheit kaum die Pracht im Innern ahnen lässt. Man betritt den Turm durch das enge Vorzimmer **Sala de la Barca** e und kommt in die ungemein prächtige **Sala de Embajadores** f, den Thron- bzw. Botschaftersaal. Der Prunksaal hat eine Zedernholzkuppel mit eingelegten Sternmustern aus über 8000 Einzelstücken, die die sieben Himmel des Islam darstellen. Über einem Sockel aus farbig glasierten Fliesen sind alle Wandflächen mit filigranen Stuckarabesken verziert. Der Thron des Nasridenkönigs stand in der Nische genau gegenüber dem Eingang.

Die umlaufenden Galerien des **Patio de los Leones** g (Löwenhof), ein damals völlig neues Motiv in der islamischen Architektur, wurden durch christliche Vorbilder angeregt, wie z. B. die Kreuzgänge in den Klöstern. Im Mittelpunkt eines Wegkreuzes steht der von zwölf Löwen getragene Brunnen. In den Rand der Brunnenschale ist eine Inschrift eingemeißelt, die die architektonische Vollkommenheit der Alhambra ebenso preist wie die Macht des Herrschers.

An der Südseite des Löwenhofes befindet sich die **Sala de los Abencerrajes** h, der Saal eines maurischen Adelsgeschlechts, mit sternförmiger Stalaktitenkuppel, die sich im Wasser einer maurischen Brunnenschale spiegelt. An der Nordseite betritt man die ähnlich gestaltete **Sala de las dos Hermanas** i. Der Name – Saal der zwei Schwestern – spielt auf die beiden enormen Marmorplatten auf dem Fußboden an.

An den nördlich angrenzenden Querraum ist ein kleines Zimmer angefügt, der **Mirador de Lindaraja** j, mit Blick auf den **Jardín de Lindaraja** k. Im Gewölbe sind Reste der originalen Verglasung erhalten.

In den **Habitaciones del Emperador** l (Räume Karls V.) wurde eine Tafel zu Ehren des amerikanischen Schriftstellers Washington Irving angebracht, der die Räume 1829 einige Monate bewohnte, als die Alhambra noch in Ruinen lag. Erst seine Entdeckungen machten die Palastanlage erneut berühmt.

Der östlichen Schmalseite des Löwenhofs schließt sich die **Sala de los Reyes** m an. Der von Stalaktitenkuppeln überwölbte Königssaal hat fünf Alkoven mit Deckengemälden auf Leder aus dem 14. Jh. Man verlässt den Löwenhof zum Jardín de Lindaraja. Nach der Durchquerung der für Karl V. errichteten Gemächer trifft man auf die maurischen Bäder.

BUCHTIPP:

Die Wiederentdeckungsgeschichte der Alhambra erzählt der amerikanische Schriftsteller Washington Irving (1783 bis 1859) in seinen *Erzählungen von der Alhambra* (Anaconda Verlag, 2017).

GENERALIFE 3 ⭐ 📖 f5

Wenn man den Nasridenpalast (Ausgang rechts) verlässt, gelangt man an der Kirche Santa María de la Alhambra und am ehemaligen Franziskanerkloster vorbei (heute Parador) zum Generalife. Hier war einst die Sommerresidenz der Sulta-

Nasridenpalast

- a Mexuar
- b Patio del Mexuar
- c Cuarto Dorado
- d Myrtenhof
- e Sala de la Barca
- f Sala de Embajadores
- g Patio de los Leones
- h Sala de los Abencerrajes
- i Sala de las dos Hermanas
- j Mirador de Lindaraja
- k Jardín de Lindaraja
- l Habitaciones del Emperador
- m Sala de los Reyes

ne – eine Symphonie wunderschöner Gärten mit Wasserbecken und Springbrunnen. Sie erhielten ihre heutige Gestalt v. a. im 19. Jh.

CAMPO DEL PRÍNCIPE

Vom Generalife geht es hinunter ins Viertel Antequeruela. Musikliebhaber können das **Museo Manuel de Falla** 4 e6 besuchen, einst Wohnhaus des großen spanischen Komponisten (C. Antequeruela Alta 11, Tel. 958 22 21 88, Di–Sa 10–17, So 10–15 Uhr).

Am **Campo del Príncipe** 5 d6 locken zahlreiche typische Tapas-Bars zur Einkehr.

DURCH DIE ALTSTADT

> **ROUTE:** Plaza Nueva > Casa de los Tiros > Corral del Carbón > Alcaicería > Capilla Real > Kathedrale > Monasterio San Jerónimo > Puerta Elvira
>
> **KARTE:** Seite 78
> **DAUER:** mind. ein halber Tag
> **PRAKTISCHE HINWEISE:**
> - Auf öffentliche Verkehrsmittel sollte man weitestgehend verzichten.
> - Traditionelle Tapas-Bars findet man in den umliegenden Passagen um den Corral de Carbón; Lokale gibt es auch auf der Plaza Bib-Rambla.
> - Bei Zeitmangel kann man den Spaziergang hier enden lassen.

TOUR-START:
PLAZA NUEVA 6 c5

Der »neue Platz« ist einer der zentralen Punkte Granadas. Hier stehen der **Palacio de la Audiencia** 7 d4, ein Justizgebäude aus dem 16. Jh., und die winzige Mudéjarkirche **Santa Ana** 8 d5 mit platereskem Westportal.

CASA DE LOS TIROS 9 c5

Über die Calle de los Reyos Católicos und die Calle de Pavaneras erreicht man die Casa de los Tiros. Die kleinen Figuren auf Konsolen an der Fassade stellen Herakles, Theseus, Jason, Hektor und Merkur dar. In dem Privatpalast aus dem 16. Jh. befindet sich das Museum zur Geschichte Granadas und zur Granadiner Volkskunst mit der sehenswerten *cuadra dorada,* dem vergoldeten Zimmer (Di–Sa 9 bis 20.30, So 10–17 Uhr).

CORRAL DEL CARBÓN 10 c5

Wieder stadteinwärts führt die Escudo del Carmen zum Corral del Carbón, der einzigen erhaltenen Karawanserei Spaniens (14. Jh.). Sie wird gerahmt von den typischen schmalen Passagen und Gassen des alten Granada. Durch ein Portal im Stil nasridischer Palastarchitektur betritt man den von Galerien umgebenen stimmungsvollen Innenhof.

Der Name Kohlenhof rührt daher, dass der Bau im 16. Jh. Kohlehändlern als Quartier diente. Eine historische Buchhandlung ist unter den Arkaden eingezogen, und das Stadtorchester nutzt den Innenhof als Konzertbühne.

ALCAICERÍA 11 🕮 c5

Der einst maurische Seidenmarkt Alcaicería brannte 1843 ab. Die winzigen Gässchen und Passagen wurden rekonstruiert. Heute wandern Souvenirs, Schmuck, Postkarten sowie Keramik über die Ladentische. Vieles entspricht dem Massengeschmack, dennoch verströmen die Marktgassen noch ein wenig vom Charme eines orientalischen Souks.

CAPILLA REAL 12 ⭐ 🕮 c5

An der Calle de los Oficios (Eingang durch die ehemalige Börse) liegt die Königliche Kapelle, die zwischen 1504 und 1521 als Mausoleum für die Katholischen Könige errichtet wurde. In der Vierung befinden sich zwei **Marmorgrabmäler:** rechts das der Katholischen Könige (1517), links das Johannas der Wahnsinnigen, ihrer Tochter, und Philipps des Schönen (1520). Die geschnitzte Altarwand von Felipe Bigarny ist Johannes dem Täufer und Johannes dem Evangelisten gewidmet. In der Sakristei sind die Insignien der Katholischen Könige und eine bedeutende Sammlung flämischer Tafelbilder ausgestellt (Mo–Sa 10.15 bis 18.30, So 11–18.30 Uhr, 5 €).

KATHEDRALE 13 ⭐ 🕮 c5

Dicht an der Capilla Real schuf Diego de Siloé ab 1528 als Siegesmonument des katholischen Spaniens die mächtige Renaissancekathedrale (Eingang über die Gran Vía).
> mehr S. 17 Punkt 31 Das fünfschiffige Langhaus mündet in einen runden Altarraum mit Umgang. 1669 kam die Westfassade in Form eines Triumphbogens hinzu. Sie ist ein Werk des Granadiner Architekten, Malers und Bildhauers Alonso Cano. Von ihm stammt auch der Gemäldezyklus »Marienleben« im Altarraum. Eine seiner bedeutendsten Skulpturen, eine María Immaculada, ist in der Sakristei aufgestellt (Mo–Sa 10 bis 18.30, So 15–18 Uhr, 5 €).

Ein Rundgang um die Kathedrale führt vom Platz vor der Westfassade am erzbischöflichen Palast vorbei zu der mit Blumenkiosken und Straßencafés besetzten **Plaza Bib-Rambla**. Werden in Granada Feste gefeiert, z. B. zur Semana Santa oder zum Cruz de Mayo, verwandelt sich die Plaza in eine Bühne.

MONASTERIO SAN JERÓNIMO 14 🕮 b3

Auf der Calle de San Jerónimo geht man nordwärts über die Plaza de la Universidad bis zum Kloster San Jerónimo, einer königlichen Gründung von 1492. In der Klosterkirche befindet sich die Grabstätte des Feldherrn der Katholischen Könige, Don Gonzalo Fernández de Córdoba, genannt El Gran Capitán (gest. 1515), und seiner Frau.

Das Klostergebäude, dessen Fassade Diego de Siloé, ein Vertreter des platareskes Stils, schuf, schart sich um zwei Kreuzgänge aus dem 16. Jh. (Mo–So 10–13.30, 16–19.30 Uhr). Ganz in der Nähe liegt das barocke **Hospital San Juan de Dios** 15 🕮 b3.

ZUR PUERTA ELVIRA

Auf der Calle San Juan de Dios gelangt man über die Avenida de la Constitución zu den großzügigen

Jardines del Triunfo 16 c2. Stadteinwärts steht auf dem Paseo del Triunfo das maurische Stadttor **Puerta Elvira** 17 c3 (11. Jh.). Durch dieses ritten die Katholischen Könige, als sie 1492 die Stadt einnahmen.

DURCH DEN ALBAICÍN ★

ROUTE: Mirador San Nicolás > Puerta Nueva > Mirador San Cristóbal > Dar al-Horra > Calle del Horno del Oro > Bañuelos Árabes > Plaza Nueva

KARTE: Seite 78

DAUER: 3 Std.
PRAKTISCHE HINWEISE:
- Mit dem Bus fährt man hinauf von der Plaza Nueva, Haltestelle unterhalb des Mirador San Nicolás, zurück geht es zu Fuß – wegen des Gässchengewirrs am besten mit einem Stadtplan.
- Tapas-Bars gibt es an der Plaza Larga oder nach dem Abstieg auf den Terrassen entlang dem Darro.

Das malerische Viertel türmt sich mit Gässchen und Stiegen den Hügel gegenüber der Alhambra hinauf und ist seit 1994 UNESCO-Weltkulturerbe. Die **Casa de Zafra** an der Carrera del Darro ist einer der herausragenden Zeugen der islamisch-hispanischen Architektur. Sie

Blick von der Alhambra auf den Albaicín, das älteste Viertel Granadas

dient als Informationszentrum für dieses Viertel (Mai–Mitte Sept. 9 bis 14.30, 17–20.30, sonst 10–17 Uhr), in dem das arabische Erbe der Stadt omnipräsent ist.

TOUR-START: MIRADOR SAN NICOLÁS 18 e4

Von der Aussichtsterrasse (Mirador) bei der Kirche **San Nicolás** hat man einen herrlichen Blick auf die Alhambra, am schönsten bei Sonnenuntergang. Gleich nebenan hat die muslimische Bevölkerung Granadas eine Moschee errichtet, deren Bau bei der christlichen Bevölkerung jedoch lange höchst umstritten war. Die **Moscheegärten** 19 e4 kann man besichtigen, der Einlass liegt nördlich des Mirador.

PUERTA NUEVA 20 e3

Etwas weiter bergauf erreicht man die Puerta Nueva, einst Teil der Festung der Ziriden (11. Jh.) und Eingangstor für Händler. Einige Schritte weiter öffnet sich die volkstümliche **Plaza Larga**, ein guter Platz, um ein paar Tapas zu kosten (z. B. in der Bar Aixa). Der Abstecher entlang der alten Stadtmauer zum **Mirador San Cristóbal** 21 d3 lohnt: Die fruchtbare Vega liegt einem zu Füßen.

DAR AL-HORRA 22 d3

Wieder zurück auf der Plaza Larga, wendet man sich nach Westen und gelangt bald zum Nasridenpalast Dar al-Horra. Die stark restaurierte Residenz der Mutter Boabdils, Aixa, (15. Jh., Callejón de las Monjas, Mai bis Mitte Sept. 9–14.30, 17–20.30, sonst 10–17 Uhr), liegt nahe dem Klarissenkloster **Santa Isabel la Real** 23 d3, das 1501 von Königin Isabella gegründet wurde.

ARABISCHE RELIKTE

Weiter führt der Weg in Richtung Darro, entlang der Calle San José zur Kirche **San José** 24 d4, deren Glockenturm früher ein Minarett war. Kurz darauf trifft man auf die Calle San Juan de los Reyes, der man ostwärts folgt. Malerische Gassen streben von ihr dem Darro zu. In der **Calle del Horno del Oro** steht eines der seltenen Moriskenhäuser (15. Jh.), in denen zwangsgetaufte Araber wohnten.

💬 SACROMONTE

An den Albaicín grenzt der Sacromonte, das von *gitanos* bewohnte Höhlenviertel. Im **Museo Cuevas del Sacromonte** wird ihre Lebenswelt präsentiert.

- Barranco de los Negros
  Tel. 958 21 51 20
  www.sacromontegranada.com
  Mo–So 10–20 Uhr

Das lobenswerte **Museo Etnológico de la Mujer Gitana** zeigt die Situation der »Zigeunerinnen«.

- Camino del Sacromonte 107
  La Chumbera | Mo–Fr 10–13 Uhr

Einige Höhlen wurden zu **Flamenco-Lokalen** umfunktioniert:

- **Cuevas Los Tarantos**
  Camino del Sacromonte 9
  Tel. 958 22 45 25
- **Cueva de La Rocío**
  Camino del Sacromonte 70
  Tel. 958 22 71 29

AM DARRO

Die Uferstraße am Darro mit seinen alten Brücken vor dem steil ansteigenden Felsen der Alhambra vermittelt einen Eindruck vom alten Granada. Der Fluss wurde erst im 19. Jh. weitgehend überbaut. Schöne Terrassencafés (z. B. die Jardines de Zoraya, die abends übrigens ein Tipp für Flamenco-Shows sind, www.jardinesdezoraya.com) bieten sich zur Pause an. Flussabwärts liegt die Kirche **San Pedro** 25 e5 mit einer schönen Artesonado-Decke und daneben der 1539 erbaute Renaissancepalast **Casa de Castril** 26 e4. Das in ihm angesiedelte archäologische Museum ist derzeit wegen Umbau geschlossen. Wenige Schritte weiter flussabwärts kann man die **Bañuelos Árabes** 27 d4 besuchen, ein gut erhaltenes arabisches Badehaus aus dem 11. Jh. Die Kapitele im Hauptraum stammen aus römischer, westgotischer und omaijadischer Zeit (Mi–Sa 10–14 Uhr).

Ein passender Abschluss des Spaziergangs ist ein Tee in den marokkanischen Teestuben der Calderería Nueva. › mehr S. 12 Punkt ❻

💬 MUSIKFESTIVAL

Ende Juni bis Anfang Juli findet in Granada das **Festival Internacional de Música y Danza** statt: Konzerte und Ballettaufführungen von internationalem Rang an Schauplätzen wie dem Generalife oder dem Kloster San Jerónimo (Tel. 958 22 18 44, www.granadafestival.org).

HOTELS

Alhambra Palace €€€
Luxuriöses Hotel im Stil eines maurischen Palastes; herrliche Aussicht.
- Plaza Arquitecto García de Paredes 1
  Tel. 958 22 14 68
  www.h-alhambrapalace.es

Parador de Granada €€€
Altes Kloster, erlesen restauriert.
- Auf dem Alhambra-Gelände
  Tel. 958 22 14 40 | www.parador.es

Hotel Guadalupe €€–€€€
Gegenüber der Alhambra; stilvoll eingerichtete Zimmer, gutes Restaurant
- Paseo de la Sabica | Tel. 958 22 57 30
  www.hotelguadalupe.es

Hotel Casa Morisca €€
Das Hotel logiert im Albaicín in einem restaurierten maurischen Palast aus dem 15. Jh., mit stilsicherem Interieur.
- Cuesta de la Victoria 9 | Tel. 958 22 11 00
  www.hotelcasamorisca.com

RESTAURANTS

Carmen de San Miguel €€€
Teuer, fein und klein. Hier kann man in lokaler Nouvelle Cuisine schwelgen.
- Torres Bermejas 3 | Tel. 958 22 67 23
  carmensanmiguel.com
  So abends, Juni, Aug. So geschl.

Bar Kiki €€
Einfaches Lokal in bester Albaicín-Lage mit typischen Granadiner Tapas.
- Mirador San Nicolás 9 | Tel. 958 27 67 15

Bar Pasiegas €€
Innovative Tapas in cooler, moderner Umgebung.
- Plaza de las Pasiegas | Tel. 958 53 57 66

Las Tinajas €€
Eine der Traditionsadressen mit prämierter Granadiner Küche.
- Martínez Campos 17 | Tel. 958 25 43 93
  www.restaurantelastinajas.com

Casa Juanillo €
Urig, authentisch und rustikal. Beliebtes kleines Sacromonte-Lokal.
- Camino del Sacromonte 83
  Tel. 958 22 30 94 | So abends, Mo geschl.

TAPAS-BARS
Beliebt sind die Lokale am Campo del Príncipe, in den Calles Navas und Elvira. In den traditionsreichen **Antiguas Bodegas Castañeda** (Elvira 5) gibt es Wein vom Fass. Die **Taberna El Mentidero** (Piedra Santa 15) serviert ausgefallene, prämierte Tapas. Hotspots zum Ausgehen sind Plaza Nueva und Carrera del Darro sowie die Lounges am Paseo de la Bomba längs des Darro.

AUSFLÜGE AB GRANADA

KARTÄUSERKLOSTER 28 d1
Das Kloster liegt am Stadtrand in Richtung Murcia (Beschilderung »La Cartuja«) und ist mit dem Bus erreichbar. Es ging 1506 aus einer Stiftung des Gran Capitán hervor, des Feldherrn der Katholischen Könige Ferdinand und Isabella.

Die einschiffige Kirche und der Kreuzgang (17. Jh.) haben schlichte Formen. Zeugnisse des Barock des frühen 18. Jhs. sind dagegen die mit Marmorverkleidung und Stuck ausgestattete Sakristei und die Allerheiligstenkapelle (Sagrario) mit üppigem Bilder- und Skulpturenschmuck (im Sommer tgl. 10–13, 16–20, im Winter 10–13, 15–18 Uhr).

PARQUE DE LAS CIENCIAS 29 G4
Ein lohnendes Spektakel für die Sinne und spielerischer Wissenstest für jede Altersstufe ist das interaktive und didaktisch sehr gut aufgebaute Wissenschaftsmuseum am südlichen Stadtrand Granadas, das in mehreren Pavillons in einem Parkgelände untergebracht ist und etwa 15 Min. zu Fuß vom Zentrum entfernt liegt (Di–Sa 10–19, So bis 15 Uhr, www.parqueciencias.com).

AUF DEN SPUREN VON FEDERICO GARCÍA LORCA

Das berühmteste Kind der Stadt Granada war der Dichter und Dramatiker Federico García Lorca > **S. 44**. In Granada selbst ist das komplett erhaltene Sommerhaus der Familie in ein Kulturzentrum umgewandelt worden. Es liegt sehr schön in der Huerta de San Vicente, einem gepflegten großen Park, in dem die Granadiner gern joggen (Tel. 958 25 84 66, www.huertadesanvicente.com, 1. Juni–15. Sept. Di–So 9–14, sonst Di–So 9.30–17 Uhr, mit Führungen).

Ein Stück außerhalb Granadas, in der Vega F4, liegt Fuente Vaqueros, der Geburtsort Lorcas. Das elterliche Haus wurde in ein geschmackvolles Museum umgewandelt (Führungen obligatorisch, Infos unter www.patronatogarcialorca.org, So nachmittags und Mo geschl.). Busse ab Avda. Andaluces.

DER WESTEN

Die Kirche Nuestra Señora de la Encarnación in Olvera, einem der weißen Dörfer

Weiße Häuser, die aus Felsen ragen, und menschenleere Landschaften prägen die Route der weißen Dörfer durchs andalusische Hinterland. Die Costa de la Luz wiederum begeistert mit langen Atlantikstränden

Verstreut im Dreieck zwischen Sanlúcar de Barrameda im Westen, Tarifa im Süden und Ronda im nördlichen Bergland liegen jene Ortschaften, die man nach dem lichten Weiß ihrer ineinander geschachtelten Häuserkuben *pueblos blancos,* weiße Dörfer, getauft hat. Die Nuancen wechseln mit dem Licht des Tages – ein gelblicher Reflex in der Morgensonne, blendendes Weiß am Mittag, bei Sonnenuntergang ein bläulicher Schatten. Der größte dieser Orte, das hoch in der Serranía gelegene **Ronda,** hat fast städtischen Charakter, während Dörfer wie **Medina Sidonia** und **Zahara de la Sierra** teilweise ebenso winzig wie malerisch sind.

An der **Costa de la Luz,** der spanischen Atlantikküste, lebten die windigen Küstenorte wie **Bolonia** und **Zahara de los Atunes** früher vom Thunfischfang, heute werden sie von Gästen besucht, die ihre kilometerlangen Sandstrände schätzen. In dem maurisch anmutenden **Tarifa** und auch in **Conil de la Frontera** und **Bolonia** haben sich Windsurfer eingerichtet, das elegante **Cádiz** erlebt einen turbulenten Karneval, und die wahre Gitano- und Flamenco-Szene ist in **Jerez de la Frontera** zu Hause. Der Namenszusatz »de la Frontera«, den man in dieser Region häufig findet, bezeichnet den Grenzverlauf während der Reconquista, der Wiedereroberung der maurischen Gebiete durch die Katholiken.

Zwischen **Sanlúcar de Barrameda, Jerez** und **El Puerto de Santa María** erstreckte sich einst das Meer, heute ist der Boden ausgetrocknet und kalkhaltig. Auf ihm gedeihen die Sherry-Trauben Palomino fino und Pedro Ximénez. Römer und Griechen kannten ihn als Xeres, die Engländer wandelten den Namen Jerez in Sherry um. Nördlich an dieses Gebiet schließt sich der Nationalpark **Coto de Doñana** mit großartigen Dünenlandschaften an.

Weiter Sandstrand bei Bolonia

TOUREN IN DER REGION

DURCH DIE WEISSEN DÖRFER

ROUTE: Ronda > Setenil > Olvera > Zahara de la Sierra > Grazalema > Arcos de la Frontera > Medina Sidonia > Vejer de la Frontera

KARTE: Seite 92
LÄNGE/DAUER: 200 km, 2–3 Tage
PRAKTISCHE HINWEISE:
- Auf den recht kurvigen Landstraßen dieser Tour ist man am besten mit dem Auto unterwegs.
- Für die Spaziergänge bequeme Schuhe mitnehmen.

TOUR-START:
Das spektakulär gelegene **Ronda** 1 > S. 93 ist auf jeden Fall einen Tag Aufenthalt wert und hat schöne Hotels zu bieten.

Am nächsten Morgen verlässt man Ronda nordwärts und erreicht nach knapp 30 km **Setenil de las Bodegas** D4. Der älteste Teil dieses ungewöhnlichen weißen Dorfes ist in die Felsüberhänge am Río Guadalporcun gebaut. Für die höhlenartigen Häuser musste deshalb lediglich eine Vorderfront errichtet werden. An vielen Stellen ragen die Felsen abenteuerlich weit in die schmalen Gassen hinein. Früher war nur diese Zeile der kleinen Ortschaft bewohnt, nach der Reconquista kam die Pfarrkirche hinzu – und damit ein neuer Ort.

15 km weiter erhebt sich zwischen Olivenhainen und Weizenfeldern die prachtvolle Silhouette von **Olvera** D4. Das Weiß seiner Häuser wird von einer stattlichen Kirche mit Doppelturmfassade und einer maurischen Festung überragt. Den Turm der Festung kann man besteigen, die Kirche entstand auf den Ruinen einer Moschee.

Korkeichenwälder begleiten die Strecke von Olvera zu einem der schönsten weißen Dörfer, das von einer Burgruine bekrönte, winzige **Zahara de la Sierra** D4 unterhalb eines mächtig gezackten Kalksteinfelsens (arabisch *zahara* = Blüte). > mehr S. 16 Punkt 27 Von dort geht es weiter über den Bergpass Puerto de las Palomas (1357 m) nach **Grazalema** 2 > S. 96. Die Aussicht von der Passhöhe ist atemberaubend. Da sich in der Sierra de Grazalema die Atlantikwinde abregnen, ist es hier kühler – und stets grün.

Zwischen Zahara de la Sierra und Grazalema liegt der Eingang zum **Parque Natural de la Sierra de Grazalema** D4–5. Das 51 695 ha umfassende Karstgebirge mit Höhlen und Schluchten wurde 1984 als erster andalusischer Naturpark ausgewiesen und ist v. a. bei Wanderern beliebt. Kork- und Steineichen sowie die endemische Igeltanne (*Abies pinsapo*) prägen die Vegetation.

Auf den Weiden werden Kampfstiere für die Arenen gezüchtet.

Das hübsche Grazalema, zu Füßen eines mächtigen Felsblocks gelegen, ist unter anderem für seine Webereien bekannt.

Über Berge, später an Sonnenblumen- und Getreidefeldern entlang führt die Strecke weiter nach **Arcos de la Frontera** 3 › S. 96.

Schon von Weitem erblickt man die eigenwillige Kulisse des auf einem lang gestreckten Felsen hoch über dem Fluss Guadalete gelegenen Städtchens. Seine prächtigen Adelspaläste liefern ein hervorragendes Beispiel für eine maurische Stadtanlage. Wer es prunkvoll mag, übernachtet im Parador, der in einem dieser Paläste untergebracht ist.

Medina Sidonia C5 hat ebenfalls einen maurischen Ursprung. Es erhebt sich auf der Anhöhe des Cerro del Castillo. Das Stadttor Arco de la Pastora aus dem 10. Jh. erinnert an das maurische Madinat Sadunia. Der bedeutendste Sakralbau der Stadt ist die Renaissancekirche Santa María la Mayor la Coronada. Unweit der Kirche liegen die Ruinen der Burg, die im 16. Jh. geschleift wurde. Von hier aus genießt man eine herrliche Aussicht. Die Plaza de España mitten im Ort bietet den passenden Rahmen für den sonntäglichen Antiquitäten- und Kunsthandwerksmarkt.

Auf einem steilen Bergrücken hoch über dem Flüsschen Barbate, wo die Muslime im Jahr 711 die Westgoten schlugen, befindet sich das mittelalterlich anmutende **Vejer de la Frontera** 4 › S. 97, in dessen Zentrum sich die Reste einer maurischen Burg erhalten haben.

Jedes der weißen Dörfer hat seinen eigenen Charakter. Und in vielen locken besonders stimmungsvolle Hotels zum Verweilen.

ENTLANG DER COSTA DE LA LUZ

ROUTE: Tarifa › Bolonia › Zahara de los Atunes › Los Caños de Meca › Cabo de Trafalgar › Conil de la Frontera › Cádiz

KARTE: Seite 92
LÄNGE/DAUER: 125 km, 2–3 Tage
PRAKTISCHE HINWEISE:
- Obwohl Busverbindungen auf dieser schönen Strandroute existieren, besonders zwischen Tarifa, Cádiz und Conil de la Frontera, hat man mit einem eigenen Wagen mehr von der Strecke.
- Übernachtungsmöglichkeiten in allen Kategorien findet man leicht, im Sommer ist frühzeitige Reservierung ratsam.
- Neben den Sandstränden sind auch die Städte ein Hingucker.

TOUR-START:

Auf den ersten Blick mutet **Tarifa** 5 › S. 97 mit seinen engen Gassen fast afrikanisch an. Die Altstadt wird durch Reste einer in der Maurenzeit erbauten Stadtmauer geschützt. Tarifa hat aber auch ein modernes, pulsierendes Gesicht: Es ist Ziel der Windsurfer, die an der Playa Punta Paloma ihr Können zeigen.

Römischen Ursprungs ist **Bolonia** 6 (Baelo Claudia) > S. 99. Erhalten haben sich ein Tempel, ein Theater und eine Badeanlage. Jenseits der mächtigen Sanddünen und in den römischen Ruinen sollen früher viele *calés*, »Zigeuner«, gelebt haben, darunter einige, die später als Sänger und Tänzer zu großem Ruhm kamen. Der angrenzende Strand ist himmlisch und darf wegen der römischen Fundstellen nicht verbaut werden.

Den Thunfisch trägt **Zahara de los Atunes** C6 in seinem Namen. Die gesamte Einwohnerschaft war früher traditionell in den Fischfang eingespannt. Der Ort hat eine Fes-

TOUREN IM WESTEN

TOUR 7

DURCH DIE WEISSEN DÖRFER

Ronda > Setenil > Olvera > Zahara de la Sierra > Grazalema > Arcos de la Frontera > Medina Sidonia > Vejer de la Frontera

TOUR 8

ENTLANG DER COSTA DE LA LUZ

Tarifa > Bolonia > Zahara de los Atunes > Los Caños de Meca > Cabo de Trafalgar > Conil de la Frontera > Cádiz

tung aus dem 16. Jh., welche die Herzöge von Medina Sidonia anlegten, und lange goldgelbe Sandstrände – auch in seiner Umgebung.

Vor allem jüngeres Publikum zieht **Los Caños de Meca** C6 an, einst Lieblingsort spanischer Hippies, die sich hier ihre Häuschen bauten und Kunsthandwerksläden eröffneten. Der **Cabo de Trafalgar** C6 liegt 2 km entfernt und lohnt als Spaziergang. Er war 1805 Schauplatz der Niederlage der spanisch-französischen Armada gegen die englische Flotte unter Lord Nelson. Die felsige Bucht wird von einem 1860 gebauten Leuchtturm bewacht, und die Sicht aufs Meer ist umwerfend: an klaren Tagen sieht man bis nach **Conil de la Frontera** 7 > S. 99.

In Conil mit seiner arabisch weißen, hübschen Altstadt hat sich der Tourismus gut entwickelt. Strände, Windsurfmöglichkeiten, Campingplätze, Bars, Meeresfrüchterestaurants *(marisquerias)*, Hotels und Pensionen sowie gute Sprachschulen – damit punktet Conil besonders bei jungen Deutschen, die den Hippiecharme mögen, und hat mit der zum Kulturzentrum umgewandelten Thunfischfabrik La Chanca einen weiteren Anziehungspunkt. Die Strände sind kindertauglich.

Schöne Strände hat auch die **Cádiz** 8 > S. 101. Interessant ist vor allem das Stadtbild, eine Mischung aus barockem Prunk und einfachen Fischerhäusern sowie kleinbürgerlichen Straßen mit schönen Plätzen. Die Stadt diente schon häufig als Filmkulissenersatz für das kubanische Havanna.

VERKEHR

- Das **Busnetz** ist engmaschig geknüpft: Viele Verbindungen bestehen zwischen Jerez de la Frontera, Sanlúcar de Barrameda, Cádiz, Conil de la Frontera und nach Sevilla. In den Sierras ist die Frequenz geringer.
- Für Reisende, die per **Flugzeug** kommen, ist Jerez de la Frontera Zielflughafen (www.aena.es). Er wird u. a. von Lufthansa und Iberia sowie von Charterlinien wie Ryanair, Eurowings und Condor angeflogen. Am Flughafen befindet sich auch ein Mietwagenschalter.

UNTERWEGS IM WESTEN

RONDA 1 5 D5

Die Stadt (37 000 Einw.) liegt spektakulär in 755 m Höhe auf einem Felsenplateau, das durch die enge, über 100 m tiefe Schlucht des Guadalevín gespalten ist. Den Südteil nimmt La Ciudad ein, die von den Arabern gegründete Altstadt, und ein kleines Freilichtmuseum mit zahlreichen prächtigen Palästen.

Nördlich der Schlucht bildete sich im 16. Jh. die El Mercadillo genannte Neustadt. Der 98 m hohe Puente Nuevo (18. Jh.), der die beiden Stadtteile verbindet, stellt Rondas Hauptattraktion dar. Zwei niedrigere ältere Brücken überspannen die El Tajo genannte Schlucht an flacheren Stellen: der Puente Romano und der Puente Arabe.

ALTSTADT

Der Puente Nuevo geleitet in die Altstadt. Über die Calle Tenorio kommt man zur Plaza del Campillo (schöne Aussicht auf die Talebene). Eine Seitengasse führt zum **Palacio Mondragón**, ehemals Residenz der Katholischen Könige, in der sich heute das volkskundliche Museum befindet (Mo–Fr 10–18 Uhr, Sa, So 10–15 Uhr), und zur **Plaza de la Duquesa de Parcent** mit den spärlichen Resten der **Alcazaba**.

An der Nordseite des Platzes wurde auf den Fundamenten der Moschee die Kirche **Santa María la Mayor** errichtet. Im Vestibül ist die Gebetsnische der Moschee erhalten. Die Ausstattung ist vorwiegend barock (tgl. 10–19 Uhr).

Auf der Calle Armiñán geht es wieder Richtung Puente Nuevo. Noch in der Nähe der Kathedrale liegt das **Museo Bandolero**, ein kurioses Räubermuseum mit vier Sälen zur Geschichte und Bedeutung der Banden sowie mit Porträts legendärer Anführer (C. Armiñán 65, Tel. 952 87 77 85, tgl. 11–19/20.30 Uhr, www.museobandolero.com).

Rechter Hand steht die **Torre de San Sebastián**, einst Minarett einer Moschee. Kurz vor der Brücke zweigt rechts die steile Straße Santo Domingo ab, linker Hand thront die **Casa del Rey Moro**, eine Adelsresidenz aus dem 18. Jh. Vom Garten aus steigt ein in maurischer Zeit in den Felsen gehauener **Treppengang** (La Mina) mit über 300 Stufen in die Schlucht hinab. Er sollte bei einer Belagerung die Wasserversorgung sicherstellen (tgl. 10–19, im Sommer bis 20 Uhr). Vorbei am **Palacio de Salvatierra** aus dem 18. Jh. erreicht man den Puente Arabe, der im 17. Jh. erneuert wurde.

NEUSTADT

Im Tal liegen die **Baños Árabes**, ein arabisches Bad aus der Zeit um 1300. Mittels moderner Technik wird die Nutzung der einzelnen Räume demonstriert (Mo–Fr 10–18/19, Sa, So 10–15 Uhr).

Die arabische Brücke führt zurück in die Neustadt. Geht man zur **Plaza España** über die zum kleinen Park ausgeweiteten Aussichtsterrassen, hat man einen herrlichen Blick auf die Altstadt, die Schlucht und den kühnen Puente Nuevo.

Wichtigste Sehenswürdigkeit in der Neustadt: die **Stierkampfarena** mit einer doppelgeschossigen Arkadengalerie, die den Kampfplatz von

> ### 🗨 STIERKAMPF
>
> Ronda gilt als Geburtsstadt des modernen Stierkampfes. Hier wurden im 18. Jh. von der Stierkämpferfamilie Romero die heute noch gültigen Regeln festgelegt und hier steht auch die älteste runde **Stierkampfarena** (1785). In den Nebenräumen ist ein gut bestücktes Stierkampfmuseum eingerichtet (tgl. 10 bis 18/19, im Sommer bis 20 Uhr, www.rmcr.org).

Der fast 100 m hohe Puente Nuevo verbindet Rondas Altstadt mit der Neustadt

66 m Durchmesser umschließt. Von der Arena führt die Calle Pedro Romero zur Plaza del Socorro.

INFO

Información Turística
- Paseo de Blas Infante | Tel. 952 18 17 19
- Plaza España | Tel. 952 87 12 72
  www.turismoderonda.es

VERKEHR

Busbahnhof an der Plaza Concepción García Redondo. Häufige Verbindungen nach Málaga, auch nach Grazalema u. a.

HOTELS

Reina Victoria €€€
Klassisch altmodisch, schöner Garten, traumhafte Aussicht.
- Jerez 25 | Tel. 952 87 12 40
  www.hoteles-catalonia.com

Hotel Montelirio €€
Wohnlich-plüschiges Hotel mit schöner Terrasse direkt an der Schlucht. › mehr S. 16 Punkt ㉙ Hübsche, geräumige Zimmer, gutes Restaurant.
- Tenorio 8 | Tel. 952 873855
  www.hotelmontelirio.com

Molino del Santo €€
Eine ehemalige Wassermühle außerhalb von Ronda bildet die Basis dieses Hotels, das genau die richtige Mischung zwischen lässig und gemütlich aufweist.
- Barriada La Estación | Benaoján
  Tel. 952 16 71 51
  www.molinodelsanto.com

San Gabriel €€
»Altspanisch« eingerichtetes kleines Haus in einem umgebauten Palast.
- Marqúes de Moctezuma 19
  Tel. 952 19 03 92
  www.hotelsangabriel.com

RESTAURANTS

El Quinqué €€
Rondas Multitalent: Essen, Flamenco-Shows und Terrasse für einen Drink.

- Blas Infante s/n | Tel. 633 77 81 8
  www.elquinqueronda.com | Mo geschl.

Pedro Romero €€
Spezialität in diesem Traditionsrestaurant ist *perdiz con alubias* (Rebhuhn mit weißen Bohnen).
- Virgen de la Paz 18 | Tel. 952 87 11 10
  www.rpedroromero.com

Tapas-Bars konzentrieren sich an der Plaza del Socorro, der Calle Virgen de la Paz und in der Calle Pedro Romero.

SHOPPING

Um den Puente Nuevo liegen einige geschmackvolle Souvenir- und Antiquitätenläden. > mehr S. 19 Punkt 41

GRAZALEMA 2 D5

In dem idyllischen Grazalema wurden früher die *mantas de Grazalema* gewebt, Decken und wärmende Stolen aus Ziegenwolle. Einige Geschäfte führen sie noch.

Die Hauptattraktion des nahe gelegenen **Parque Natural de Grazalema** ist der spanische Tannenbaum *pinsapo*. Für eine Wanderung muss man sich vorher bei der Parkverwaltung anmelden.

HOTELS

Casa de las Piedras €
Kleines Hotel, ordentliche Zimmer.
- Las Piedras 32 | Tel. 956 13 20 14
  www.casadelaspiedras.es

Villa Turística Grazalema €
Kinderfreundliches Hotel etwas außerhalb des Ortes, mit Garten und Pool.
- El Olivar | Tel. 956 13 21 36

ARCOS DE LA FRONTERA 3 C4

Arcos halten viele für das schönste weiße Dorf. Nach der Rückeroberung der Stadt im Jahr 1264 entstanden prächtige Paläste und Herrenhäuser, u.a. der Palast der Grafen von Águila mit seinem Mudéjarportal. Man kann ihn in der hoch gelegenen Altstadt bewundern.

Die Stirnseite des Hauptplatzes, Plaza del Cabildo, begrenzt die Kirche **Santa María de la Asunción** mit platereskem Hauptportal; der mit Azulejos versehene Kirchturm stammt aus der letzten Bauetappe (18. Jh.). Bezaubernd und mit einer tollen Aussichtsterrasse versehen ist dieser Platz, leider gibt es aber auch einen Parkplatz. Dem Parador gegenüber sieht man die Zinnen der Burg der Grafen von Arcos. Der **Mirador** bietet einen weiten Blick über das Tal. Durch die weiß getünchten Gassen geht man weiter zur spätgotischen Pfarrkirche **San Pedro** und bis zu den Aussichtsterrassen an der Spitze des Felsvorsprungs. Das Rathaus benutzt einige Räume im historischen **Palacio Mayorazgo** in der Calle Maldonado; dort gibt es neben dem historischen Gebäude auch Ausstellungen in mehreren Sälen zu bewundern – und nebenan ist eine kleine Tapas-Bar.

INFO

Oficina Municipal de Turismo
- Cuesta de Belén 5 | Tel. 956 70 22 64
  www.turismoarcos.com
  www.arcosdelafrontera.es

HOTEL

Parador de Arcos de la Frontera €€€
Historischer Parador, untergebracht in der Casa del Corregidor (17. Jh.). > **mehr S. 12 Punkt** ❷
- Plaza del Cabildo s/n
  Tel. 956 70 05 00 | www.parador.es/de

VERKEHR

Vom **Busbahnhof** in der Calle Corregidor in der modernen »Unterstadt« nach Cádiz, Jerez, Málaga und Ronda. Kleinbusse verkehren hinauf in die Altstadt.

VEJER DE LA FRONTERA ❹ 📖 C5

Über einen 200 m hohen Hügel gebreitet und entsprechend steil und verwinkelt präsentiert sich das weiße Dorf. Für größere Plätze gibt es keinen Raum, aber auf der **Plazuela** schlägt das Herz von Vejer. Entlang der Stadtmauer beim Paseo de Cobijadas erstreckte sich im Mittelalter das **Judenviertel**, eines der am besten erhaltenen in Andalusien.

HOTEL/RESTAURANT

Convento San Francisco €€
Da die Küche des Hotels im ehemaligen Kloster so erlesen ist wie die Weinkarte, lohnt ein Abstecher von der nahen Küste.
- La Plazuela s/n
  Tel. 956 45 10 01
  www.tugasa.com

La Botica de Vejer €–€€
Gepflegtes Haus mit zwölf Zimmern und einer Dachterrasse mit tollem Ausblick.
- Canalejas 13 | Tel. 956 45 02 25
  www.laboticadevejer.com

TARIFA ❺ 📖 C6

Das Städtchen (18 000 Einw.) an der Südspitze Spaniens lebt von seiner besonderen Stimmung aus Windsurfermetropole und arabisch-spanischer Altstadt. Es wurde nach dem berberischen Truppenführer Tarif ibn Malluk benannt, der hier im Jahr 710 mit einem Spähtrupp gelandet war. Der maurische **Alcázar** aus dem 10. bis 13. Jh. erhebt sich zinnenreich über der Altstadt mit ihren engen Gassen.

Neben dem Alcázar liegt die Plaza de Santa María, die zum **Mirador**, der Aussichtsplattform von Tarifa führt. Jenseits des Meeres erkennt man die gezackte Silhouette des marokkanischen Rif-Gebirges.

Am Stadtrand von Tarifa liegt die kleine Halbinsel **Punta Marroquí.** Am südlichsten Punkt des europäischen Festlandes misst die Straße von Gibraltar ganze 13,4 km.

Noch weiter ins Meer ragt die **Isla de las Palomas** mit einer Festung aus dem 18. Jh. An den Damm, der sie mit dem Festland verbindet, schlagen auf der einen Seite die Wellen des Mittelmeers, auf der anderen Seite breitet sich der Atlantik aus. > **mehr S. 13 Punkt** ❽

Bei Tarifa beginnt die **Costa de la Luz** ⭐, die Küste des Lichts mit ihren zahlreichen Traumstränden, die sich rund 200 km bis zur portugiesischen Grenze erstreckt. Entlang der nur selten zugebauten und bei spanischen Urlaubern hoch im Kurs stehenden Atlantikküste liegen Fischerdörfer, Campingplätze sowie kleinere Hotelanlagen.

BRITISCHE ENKLAVE

Der markante Felsen »The Gib« markiert das Ende Europas

Ein aus dem Urkontinent Gondwana abgesprengtes Teilchen, das sich über Zehntausende von Jahren nicht recht entschließen konnte, ob es am afrikanischen oder am europäischen Kontinent andocken sollte, bildet den Brückenkopf zu Afrika. So zumindest erfährt man es im Museum von Gibraltar. Von Afrika ist der Felsen nur durch eine 24 km breite Meeresstraße getrennt. Afrikanischer Einfluss ist spürbar und trägt dazu bei, dass Gibraltar, seit 1704 eine britische Enklave in Spanien, als Schmelztiegel der Kulturen erscheint. Verschiedene Befestigungsanlagen stammen aus dem 18. Jh.

Heute lockt Gibraltar vor allem mit seinen Duty-free-Geschäften die Gäste an, dabei hat es wesentlich mehr zu bieten. Sobald man sich ein wenig abseits des Verkaufsrummels auf der quirligen Main Street bewegt, klettern enge Gassen, die durch Treppenaufgänge verbunden sind, den Felsen, **The Gib,** empor, ein Mix aus Kolonialarchitektur und Bohemienstimmung. Viele Afrikaner leben hier, und die Geschäfte duften nach Minze und exotischen Kräutern. Im **Gibraltar Museum** (Mo–Fr 10–18, Sa 10–14 Uhr) an der Bomb House Lane erfährt man alles über die Geschichte von Gibraltar.

Die **Governor's Residence** an der Main Street geht auf ein ehemaliges Franziskanerkloster von 1531 zurück. Eine Gondelfahrt hinauf auf die **Upper Rocks,** die unter Naturschutz stehen, sollte sich kein Besucher entgehen lassen. Dabei besucht man auch **St. Michael's Cave** (tgl. 9.30–19.30 Uhr) und den berühmten **Affenfelsen.**

INFO
Información Turística
- Paseo La Alameda | Tel. 956 68 09 93
  www.aytotarifa.com/turismo
  www.gotarifa.com
  www.tarifaturismo.com

HOTELS
In Tarifa gibt es keine größeren Hotels, aber an der Küstenstraße nach Cádiz.

Dos Mares €€–€€€
Sommerlich, mit beliebtem Strandrestaurant und Swimmingpool, Tennisplatz, Surf- und Reitferien.
- Ctra. N 340, km 79,5 | Tel. 956 68 40 35
  www.dosmareshotel.com

Punta Sur €€–€€€
Von außen eher unspektakulär, aber mit schicken, großen Zimmern, Garten, Pool, Tennisplätzen und Terrassenrestaurant.
- Ctra. N 340, km 76 | Tel. 956 68 43 26
  www.hotelpuntasur.com

Hurricane Hotel €€
Attraktives, luftiges Strandhotel mit hübschen Zimmern, Terrassen, kleinem Pool.
- Ctra. N-340, km 78 | Tel. 956 68 49 19
  www.hotelhurricane.com

La Casa de la Favorita €€
Restauriertes historisches Gebäude in der Fußgängerzone von Tarifa.
- Plaza San Hiscio | Tel. 690 18 02 53
  www.lacasadelafavorita.com

RESTAURANTS
El Picoteo €–€€
Im unspektakulär aufgemachten Restaurant unweit des Fischereihafens werden feine Tapas und Fischgerichte serviert.
> mehr S. 15 Punkt ⑲

- Mariano Vinuesa
  Tel. 956 68 11 28
  So geschl.

An ca Curro €
Mischung aus beliebter Tapas-Bar und Restaurant mit viel Stierkampfdeko.
- Moreno de la Mora | Tel. 654 85 80 12

BOLONIA ⑥ ⭐ 📖 C6

In dem netten Ort wachsen die Hotels nicht in den Himmel. Der Strand ist im Sommer mit palmgedeckten Imbissbars bestückt – hier kann man es sich gut gehen lassen.
> mehr S. 12 Punkt ⑦ Unbedingt einen Abstecher wert sind die Ausgrabungen **Baelo Claudia** aus römischer Zeit, u. a. eine Fischsalzfabrik aus dem 1. Jh. direkt am Atlantikstrand (Di–Sa 10–18/20, So 10 bis 14 Uhr, www.museosdeandalucia.es). > mehr S. 17 Punkt ㉝

HOTEL
Los Jerezanos €
Das älteste Haus am Strand gehört einem ehemaligen Thunfischfänger. Einfache Zimmer, gutes Restaurant.
- Lentiscal 5 | Tel. 956 68 85 92
  www.hostallosjerezanos.es
  Geöffnet Ostern–Okt.

CONIL DE LA FRONTERA ⑦ 📖 C5

Die Mischung aus prickelndem Ferienort und andalusischem Dorfalltag verleiht Conil einen besonderen Charme. Und alt ist es auch: 1295 bereits erhielt es eine Hafenfestung.

SCHÖNE STRÄNDE

- Der weite und breite Strand von **Conil de la Frontera** ist für Kinder gut geeignet. > S. 99
- Eine kühle Strömung sorgt dafür, dass die Wassertemperaturen der malerischen **Playa de los Genoveses** bei **San José** auch im Hochsommer schön angenehm bleiben. > S. 112
- Wer gern abseits vom Trubel schwimmen geht, die Gegenwart einer Burgruine und Spaziergänge am Sandstrand schätzt, ist an der **Playa El Playazo** bei **Rodalquilar** richtig. > S. 112
- Wer hingegen den Trubel liebt, wird die **Playa La Carihuela** mögen, praktisch die Verlängerung von **Torremolinos** E5. Hier reiht sich ein Fischrestaurant an das nächste. Auch **Marbella** E5 ist in dieser Hinsicht top.
- Die Strände von **Nerja** im Doppelpack: Die **Playa Burriana**, lang und breit, erreicht man zu Fuß in etwa 20 Minuten. Gleich vom Balcón de Europa hinunter geht's zur **Playa El Salón** in einer kleinen Bucht. > S. 120
- Zwischen Barbate und dem Cabo de Trafalgar an der Costa de la Luz liegt der lange Sandstrand des einstigen Hippieortes **Los Caños de Meca** C6. Von hier ist es nicht weit zum Naturpark La Breña y Marismas del Barbate, dessen Pinienwälder bis zur beeindruckenden Steilküste reichen.

Die Altstadt betritt man durch die **Puerta de la Villa**, um bald die **Plaza España** zu erreichen, den Nabel des Städtchens. In den weißen Gassen liegen Bars, Restaurants und kleine Hotels, die größeren finden sich am 14 km langen Sandstrand.

INFO
Información Turística
- Calle Carretera 1 | Tel. 956 44 05 01
  www.turismo.conil.org

HOTELS
Fuerte Conil €€–€€€
Zehn Gehminuten vom Ort entfernt am Strand gelegen. Trotz seiner Größe ein angenehmes Hotel mit großem Pool.
- Playa de la Fontanilla
  Tel. 956 44 33 44
  www.fuertehoteles.com

Hotel Almadraba €€
Klassisches Patio-Haus mit geräumigen Zimmern, im spanischen Stil möbliert.
- Señores Curas 4 | Tel. 956 45 60 37
  www.hotelalmadrabaconil.com

Hotel Oasis €–€€
Kleines Strandhotel in Conil.
- Avda. de la Playa
  Tel 956 44 21 59
  www.hoteloasisconil.com

RESTAURANTS
Auf der Plaza Santa Catalina und in der Calle Cádiz trifft man sich zu Tapas und Drinks. Richtig urig ist die Bar **El Resbalon** mit einer kleinen Terrasse zur Plaza Catalina. Guten Fisch gibt's in den Strandrestaurants **Francisco La Fontanilla** und **Marinero** (Mi geschl.) in der Urbanización Fuente del Gallo.

El Timón de Roche €€
Elegantes Fischrestaurant und Weinbar mit Terrasse am Strand der Urbanización Roche.
• Calle Inglaterra s/n | Tel. 956 44 62 32

NIGHTLIFE
Conil glänzt mit einem regen Nachtleben, besonders in den sommerlichen Ferienmonaten. Beliebte Bars sind rasch aufgestöbert, z. B. in der Calle Borrego und der Calle Cádiz.

AKTIVITÄTEN
Atlantika ist eine der renommiertesten unter den alteingesessenen Sprachschulen. www.atlantika.net

CÁDIZ ⑧ ★ ▌B5

Das elegante Cádiz bezaubert: Ein salziges Weiß überzieht die Häuser, barocke Kirchenpracht und Hafenviertel liegen hier ganz dicht beieinander. Die Stadt teilt sich in zwei Hälften: in die malerische Altstadt und die moderne Neustadt. Man betritt die Altstadt durch die **Puerta de Tierra** Ⓐ, die Teil der Befestigungsanlage aus dem 17./18. Jh. ist. Rechts führt nun die Straße zum weiten, von Restaurants umgebenen Hauptplatz **Plaza San Juan de Dios** Ⓑ, linker Hand erreicht man die schön gestaltete Küstenprome-

Ⓐ Puerta de Tierra
Ⓑ Plaza San Juan de Dios
Ⓒ Alte Kathedrale
Ⓓ Neue Kathedrale
Ⓔ Parque de Genovés
Ⓕ Torre Tavira
Ⓖ Museo de Cádiz
Ⓗ Plaza de España
Ⓘ Oratorio de la Santa Cueva

nade, auf der man zunächst auf die 1262 errichtete **Alte Kathedrale** ❻ stößt, heute Pfarrkirche Santa Cruz.

Unmittelbar daneben erhebt sich die **Neue Kathedrale** ❼, die jüngste in Andalusien, deren Bau 1722 begonnen wurde. Schon von Weitem fällt die gelbe Vierungskuppel auf, die stark an die Kathedrale von Havanna erinnert. Die Krypta birgt das Grab des in Cádiz geborenen Komponisten Manuel de Falla (1876 bis 1946). Kostbarstes Objekt der Schatzkammer ist eine Monstranz von Enrique de Arfe (Mo–Sa 10–19, So 13–19 Uhr). Vom Turm der Kathedrale, der **Torre de Poniente**, hat man einen herrlichen Blick über die Stadt (15. Juni–15. Sept. 10–20, sonst bis 18 Uhr). Besonders die Altstadt mit ihren schmalen Gassen prunkt, seit sie vor einigen Jahren aufwendig restauriert wurde. Ein gutes Stück weiter an der bezaubernden, von Bäumen gesäumten Uferstraße erreicht man die alten Festungsanlagen und den **Parque de Genovés** ❽. Der Weg führt nun Richtung Stadtmitte, einem Shoppingparadies mit einer anziehenden Mischung aus Traditionellem und Neuem. An der Marqués de Real Tesoro ragt die **Torre Tavira** ❾ empor, einer der typischen Aussichtstürme *(miradores)* der Kaufmannshäuser von Cádiz. (www.torretavira.com, Mai–Sept. 10–20, sonst bis 18 Uhr). An der Plaza de Mina (sie und die angrenzende Calle Zorilla sind ein guter Tipp für Tapas-Bars!) zeigt das Stadtmuseum **Museo de Cádiz** ❿ archäologische Funde und eine exzellente Gemäldesammlung, unter anderem mit Werken von Zurbarán und Murillo (Mitte Juni–Mitte Sept. Di–So 9–15, sonst Di–Sa 9 bis 20, So 9–15 Uhr). An der nahen **Plaza de España** ⓫ erinnert das Cortes-Denkmal an die liberale Verfassung von 1812. Zu den interessantesten Sakralbauten der Stadt gehört das **Oratorio de la Santa Cueva** ⓬ aus dem 18. Jh., für das Joseph Haydn 1783 eine eigene Komposition schuf.

> ### 💬 STADTGESCHICHTE
>
> Um 1000 v. Chr. gründeten die Phönizier an dieser Stelle die früheste Handelsniederlassung auf der Iberischen Halbinsel: Gadir. Nach der Eroberung Amerikas fungierte Cádiz als Ankunftshafen für die spanische Flotte. Nachdem man 1717 die Handelskammer, mit der das Handelsmonopol für die Neue Welt verbunden war, von Sevilla nach Cádiz verlegt hatte, besaß Cádiz bis zur Freigabe des Amerikahandels im Jahr 1778 den wichtigsten Hafen Spaniens. Hier proklamierte die Nationalversammlung 1812 die Verfassung von Cádiz, einen damals revolutionären Entwurf einer konstitutionellen Monarchie und bis heute ein Fixpunkt in der Politikgeschichte Spaniens.

INFO
Oficina de Turismo Junta de Andalucía
- Avda. Ramón de Carranza s/n
  Tel. 956 20 31 92 | www.cadizturismo.com

VERKEHR
Busbahnhof mit Verbindungen nach Arcos, Jerez, Madrid, Málaga, Medina, Sidonia und Ronda. **Bahnhof** mit Zügen nach Sevilla, Madrid, zum Flughafen von Jerez und in die nähere Umgebung. Beide liegen an der Plaza de Sevilla.

HOTELS
Parador de Cádiz €€€
Hotel im avantgardistischen Stil.
- Duque de Nájera 9 | Tel. 956 22 69 05
  www.parador.es

Hotel Las Cortes de Cadiz €€
Hübsches Stadthotel mit Dachterrasse.
- San Francisco 9 | Tel. 956 22 04 89
  www.hotellascortes.com

RESTAURANTS
Tapas-Bars liegen rund um den Lebensmittelmarkt an der Plaza Libertad.

El Faro de Cádiz €€
Auf Meeresfrüchte spezialisiert.
- San Félix 15 | Tel. 956 21 10 68
  www.elfarodecadiz.com

Ventorrillo del Chato €€
Elegantes Setting, traditionelle Küche.
- Carretera Cádiz-San Fernando s/n
  Tel. 956 25 00 25
  www.ventorrilloelchato.com
  Außer im Aug. So abends geschl.

SHOPPING
Neben der C. Columela ist die C. San Francisco die wichtigste Shoppingmeile.

FESTE
Der Karneval von Cádiz ist einer der lustigsten und hingebungsvollsten im gesamten Süden. > **mehr S. 13 Punkt** ❾

JEREZ DE LA FRONTERA ❾ ⭐ 📖 C5

Die größte Stadt der Provinz Cádiz (187 000 Einw.) lebt von ihren weltberühmten Weinen. Die imposanten traditionellen Bodegas der großen Sherry-Produzenten bestimmen das Stadtbild – und die vielen duftenden Orangenbäume, die einen Besuch im Frühling besonders reizvoll machen.

ALCÁZAR
Entlang der Alameda Cristina stehen einige alte Adelspaläste. Von der Plaza del Arenal, dem eleganten

---

🎵 FLAMENCO

Jerez de la Frontera gilt als die Wiege des Flamenco, und so wurden für den Bau des **Centro Nacional de Flamenco** berühmte Namen verpflichtet: die Schweizer Architekten Herzog und de Meuron, die u. a. auch die Elbphilharmonie in Hamburg entwarfen. Doch von dem Projekt ist bislang nur das planierte Gelände zu sehen – aufgrund der Finanzkrise floss kein Geld mehr. Aber egal: In Jerez wurzelt der Flamenco und ist auch für Touristen abends unspektakulär, dafür umso authentischer in den vielen *tabancos* > S. 108 der Stadt zu erleben. Im September finden zudem die **Bulerías** statt, das angesehenste Flamenco-Festival Andalusiens.
> **mehr S. 12 Punkt** ❺

DIE BODEGAS VON JEREZ

Drei Fassreihen Sherry lagern übereinander – abgefüllt wird immer aus der untersten

Geschichte ist in Jerez eng mit Wein verknüpft. Bereits die Römer kelterten hier Trauben, die besondere Erde, *albariza,* sorgt für den unverwechselbaren Geschmack. Manche der hohen Hallen, in denen Fino, Oloroso, Amontillado und Pedro Ximénez reifen, sind so eindrucksvoll, dass man sie »Kathedralen des Weins« nennt. Nicht von ungefähr steht vor der richtigen Kathedrale das Denkmal von Manuel González, dem Gründer der gleichnamigen Sherry-Dynastie. Die Firma Fundador ließ sich beim Bau ihrer Bodega »La Mezquita« von der Architektur der Moschee von Córdoba inspirieren. Auf dem Gelände der Bodegas González Byass befinden sich eine Eisenkonstruktion, die nach Plänen von Gustave Eiffel errichtet wurde, und ein wunderbarer botanischer Garten. Bei den vielfach prämierten Bodegas Lustau ist der Boden der Sherry-»Kathedralen« mit Sand bedeckt, der im Sommer mit kaltem Wasser gesprengt wird – so hält sich eine konstante Raumtemperatur. Etwas Besonderes sind die **Bodegas Tradición** 7 – hier gibt es *Very Old Rare Sherry* (V.O.R.S.) und dazu eine umwerfende Gemäldegalerie mit Bildern von Goya, Velázquez, Murillo, Zurbarán und Picasso.

- **Bodegas Tradición** C5
  Plaza Cordobeses 3 | Tel. 956 16 86 28
  www.bodegastradicion.es
- **Bodegas Fundador** C5
  C. Puerta de Rota s/n | Tel. 956 15 15 52
  www.grupoemperadorspain.com
- **Bodegas González Byass** C5
  C. Manuel María González 12
  Tel. 956 35 70 16 | www.tiopepe.es
- **Bodegas Lustau** C5
  C. Arcos 53 | Tel. 956 34 15 97
  www.lustau.es

Zentrum der Altstadt, erreicht man durch eine Passage die spätgotische Kirche **San Miguel** (1430 begonnen) mit schöner barocker Turmfassade. Am höchsten Punkt thront der prachtvolle **Alcázar** aus der Zeit der Almohaden (12. Jh.). Außer den Bädern blieb die von Gärten umgebene Palastmoschee mit oktogonaler Kuppel erhalten.

Im Turm des **Palacio de Villavicencio** (17. Jh.) wird eine Camera obscura vorgeführt (April–Sept. Mo bis Sa 10–20, sonst Mo–Sa 10–18, So 10–15 Uhr).

KATHEDRALE

Die **Catedral de San Salvador** aus dem 18. Jh. steht auf den Fundamenten der Freitagsmoschee. Nach Norden geht es zur Plaza de la Asunción mit der Kirche **San Dionisio** (um 1430). Durch die atmosphärische Ladenpassage **Pescadería Vieja** erreicht man von dort wieder die Plaza del Arenal.

INFO
Información Turística
- Plaza del Arenal | Edificio Los Arcos
Tel. 956 33 88 89
www.turismojerez.com

VERKEHR
Bahnhof und **Busbahnhof** liegen an der Plaza de la Estación. Verbindungen nach Sevilla, Madrid, zum Flughafen und in die nähere Umgebung.

HOTELS
Tryp Jerez €€€
Bester Service im zentral gelegenen modernen Hotel hinter historischer Fassade.
- Calle Marqués de Casa Domecq 13
Tel. 956 32 70 30 | www.tryphotels.com

La Casa Grande €€
Denkmalgeschützter Palast mit Innenhof, Dachterrasse und hellen Zimmern.
- Plaza de las Angustias 3
Tel. 956 34 50 70

Nuevo Hotel €
Einfaches Hotel in einem restaurierten Haus aus dem 19. Jh.
- Caballeros 23 | Tel. 956 33 16 00
www.nuevohotel.com

RESTAURANTS
El Gallo Azul €€
Im Erdgeschoss gibt's eine gut besuchte Tapas-Bar mit Terrasse, im ersten Stock ein empfehlenswertes Restaurant mit preisgekrönter andalusischer Küche.
- Calle Larga 2 | Tel. 956 32 61 48

Die hübsche Plaza Plateros gleich bei der Calle Larga wird von einigen sehr guten **Tapas-Bars** gesäumt.

Überall in Jerez findet man nette Sherry-Bars. Eine der ältesten ist **La Parra Vieja** in der C. San Miguel. Sehr schön sind die Terrassenbars an der Plaza San Miguel am Eingang zur ehemaligen Judería.

SHOPPING
El Zoco de Artesanía
In 22 kleinen Läden wird nordmarokkanisches und andalusisches Kunstgewerbe präsentiert.
- Plaza de Peones

Ruyfe
Hier kauft man Flamenco-Kleider.
- Quintero Ramirez 3 | Tel. 956 14 17 47

FEST(E) IM SATTEL

Reitkunst und Dressurschauen in der Real Escuela

ANDALUSIER – RASSE MIT KLASSE

Welch ein Pferd! Temperamentvoll, wendig und außerordentlich gelehrig – Eigenschaften, die das in Andalusien gezüchtete spanische Pferd *pura raza española* jahrhundertelang zum idealen Kriegspferd machten. Es gehörte zu den beliebtesten Rassepferden an den europäischen Höfen. Das im 15. Jh. gegründete Kartäuserkloster Santa María de la Defensión bei Jerez de la Frontera besaß eines der berühmtesten Gestüte, weshalb diese Pferde auch *caballos cartujanos* heißen.

Die Übungen und Manöver, die den Tieren einst für den Kriegsfall beigebracht wurden, sieht man heute, begleitet von Musik, im Rahmen von Shows. Die Darbietung der Königlichen Reitkunstschule **Real Escuela Andaluza del Arte Ecuestre** von Jerez gilt vielen als das Nonplusultra; bis zu 1600 Besucher bejubeln in der Halle den »Tanz der Pferde« mit seiner fantasievollen Choreografie aus Piaffen und Passagen (je nach Jahreszeit ein- bis dreimal pro Woche um 12 Uhr; Termine und Tickets unter www.realescuela.org). An den übrigen Werktagen kann man beim Training zusehen. Eine weitere Attraktion ist das **Kutschenmuseum** der Hofreitschule (Duque de Abrantes s/n, Mo–Fr 10–14, Sa 10–15 Uhr, www.realescuela.org).

WEITERE REITSHOWS

- **Yeguada de la Cartuja – Hierro del Bocado (Finca Fuente del Suero)** C5

In der Nähe des Kartäuserklosters bei Jerez de la Frontera. Besichtigung mit Dressurvorführung: Sa 11 Uhr. Ctra. Medina–El Portal, km 6,5

Tel. 956 16 28 09 (8–15 Uhr)
www. yeguadacartuja.com
- **Centro de Equitación El Ranchito** 📖 E5
Shows mittwochs um 17.45 Uhr.
Senda del Pilar 4 | 29620 Torremolinos
Tel. 952 38 30 63
www.ranchito.com

REITERFERIEN AUF DER FINCA

Mit fliegenden Hufen über weite Weiden oder auf dem hauseigenen Platz Schritt für Schritt näher an die Perfektion – solche Urlaubsträume machen Fincas und Ranchos wahr, die sich bestens auf Reitgäste eingestellt haben.

- **Rancho Los Lobos** 📖 D5
Von österreichisch-schweizerischem Ehepaar geführtes, frisch renoviertes kleines Reiterhostal, urig, komfortabel, faire Preise. Anfängerunterricht mit Schwerpunkt auf Geländereiten. Ausritte im Naturpark Alcornocales.
11330 Jimena de la Frontera
Tel. 956 64 04 29
www.rancholoslobos.com
- **Caballo Blanco Trekking** 📖 G4
Reiterferien, Unterricht und geführte Touren in die wunderschöne Bergwelt der Alpujarras. Unter englischer Leitung.
Cortijo Chaparra | 18420 Lanjarón
Tel. 958 34 71 75
www.caballoblancotrekking.com
- **Rancho Huerta del Batán** 📖 E5
Fünf Gehminuten von Coín entfernt, familiäres Ambiente, täglich mehrstündige Ausritte.
29100 Coín | Tel. 952 45 50 10
www.horseridingspain.com
- **Rancho La Paz** 📖 E5
Mit eigener Pferdezucht. Umfangreiches Programm, gepflegte, gemütliche Finca im andalusischen Stil.

Torreblanca del Sol | 29640 Fuengirola
Tel. 952 59 02 64
www.rancho-la-paz.com
- Weitere Adressen im Internet unter
www.andalusien-web.com/pferde

MIT PFERDEN UNTERWEGS

Mit alten Schmugglerpfaden und Viehtriebwegen zeigt sich Andalusien als Traumregion. Da geht es durch Kiefern- und Korkeichenwälder und von der Küste hinauf zu den weißen Dörfern. Bis zu zwei Wochen dauern organisierte Touren. Hoch im Kurs stehen Strandritte beim südandalusischen Küstentrail, der an Barbate und Los Caños de Meca vorbeiführt.

- **Das Urlaubspferd**
Wiesenstr. 25 | D-64331 Weiterstadt
Tel. 061 51/89 56 38
www.urlaubspferd.de
- **Reiterreisen** im Internet:
www.pferdreiter.de
www.reiterreisen.com

Ausgedehnte Strandritte sind vor allem beim südandalusischen Küstentrail möglich

Es gibt nicht viele Secondhand-Märkte in Andalusien, der **Rastro Segunda Mano** in Jerez ist einer: sonntags auf der Alameda Vieja beim Alcázar. Die Kulisse ist toll, die Stimmung auch.

NIGHTLIFE

Die besten Live-Flamenco-Bars sind die *tabancos*. Dabei handelt es sich um kleine, einfache Bars mit Bühnenpodesten, in denen es den Sherry aus dem Fass, eine Tapa auf die Hand und richtigen Flamenco gibt, ohne Show, ohne Eintritt. Unbedingt besuchen! Das rührige Verkehrsamt hat eine Broschüre »La Ruta de los Tabancos« herausgegeben. Authentisch und stimmungsvoll ist **Tabanco Pasaje** (Santa María 8).

AKTIVITÄTEN

Centro Andaluz de Flamenco
Mit Video- und Bibliothek.
- Plaza San Juan 1 | im Palacio Pemartín
  Tel. 956 90 21 34 | Mo–Fr 9–14 Uhr

El Misterio de Jerez
Mit Uhren- und Geschichtsmuseum im schönen Park der Finca Atalaya. Besuch nur mit Führungen möglich!
- Calle Cervantes 3 | Tel. 956 182 100
  www.museosdelaatalaya.com

SANLÚCAR DE BARRAMEDA 10 B4

Die reizvoll an der Mündung des Guadalquivir gelegene Stadt lebt vom Wein *(manzanilla)*, von der Fischerei und vom Tourismus. Und das seit einem Jahrhundert. Davon künden die noblen Sommervillen der Sevillaner Oberschicht des Fin de Siécle an der Flussmündung. Ein bekanntes Ausflugsziel ist der **Bajo de Guía** genannte Uferabschnitt mit seinen Fischrestaurants. › mehr S. 13

Punkt 12 In der wunderbar unpretentiösen oberen Altstadt stehen neben den Resten des **Castillo de Santiago** (15. Jh.) die Kirche **Nuestra Señora de la O** mit einem Mudéjarportal und der **Palast der Herzöge von Medina Sidonia,** denen einst der Coto de Doñana › S. 71 als Jagdrevier gehörte.

HOTEL

Hospedería Palacio Duques de Medina Sidonia €€
Wenn schon, denn schon: Stilechter als im Palast der Herzöge geht es kaum. Tolle Lage, tolle Terrasse mit Ausblick.
- Plaza Conde de Niebla s/n
  Tel. 956 36 01 61
  www.ruralduquesmedinasidonia.com

CHIPIONA 11 ⭐ B4

Das klassische Strandziel der Spanier mit kilometerlangen, unverbauten weißen Sandstränden und einer wunderschönen Küstenpromenade macht mit zwei Besonderheiten auf sich aufmerksam: Den *corrales,* den traditionellen Fischfangbecken, die den Gezeitenstand von Ebbe und Flut ausnutzen, und dem Ökologiezentrum **Camaleón** mit einem schönen interaktiven Museum zur Tradition des Fischfangs und seiner industriellen Bedeutung. Mit seinem imposanten **Leuchtturm** und dem **Kloster Nuestra Señora de Regla** ist die Stadt (19 000 Einw.) auf alle Fälle einen ausführlichen Besuch wert (turismochipiona.es).

DIE COSTA DEL SOL

Sandstrände, kleine Buchten und besondere Felsformationen zeichnen die Küste bei Almería aus

TOUREN & SEHENSWERTES

Die Costa del Sol ist für ihre Strände berühmt, doch weitgehend unbeachtet bleibt ihr beeindruckendes Hinterland. Gleich hinter der Küste erheben sich bis zu 1000 m hohe Berge, etwa der Gebirgszug der Alpujarras.

Die Costa del Sol ist in jeder Hinsicht vielgestaltiger, als man vermutet. Gebirgsausläufer gliedern die Küste zwischen **Almería** und **Málaga** in felsige, kleine Buchten oder lassen Platz für weite Sandstrände wie in **Marbella, Estepona, Torremolinos** und **Fuengirola**. Die Wellen bei Estepona und vor allem bei Fuengirola sind hoch genug für Surfer, v. a. in den Nachmittagsstunden, wenn der Wind auffrischt.

Am **Cabo de Gata**, östlich von Almería, gibt es einen Naturpark, der Wüste und Salzmarsch vereint und lange, saubere, dazu recht einsame Strände hat.

Im Süden der Costa del Sol sind die Golfer zu Hause: Seit auf dem Rasen bei **Sotogrande** südwestlich von Estepona der Ryders Cup ausgetragen wurde, investiert man in exklusive Golfklubs, um der Costa del Sol das Image, ein Massentourismusziel zu sein, zu nehmen. 80 davon gibt es schon – zum Missfallen der Umweltschützer, die den hohen Wasserverbrauch für die Rasenpflege anprangern.

Während der Ostteil der »Sonnenküste« eher familiären Charakter hat, wird es ab Marbella richtig schick. Großzügige Hotelanlagen in Pastellfarben und mit Wellnessangeboten stehen meist direkt am Strand. Hier feiern die Prominenz und Halbprominenz ihre Partys.

Doch jenseits der Hotelburgen und Autobahnen, die die Region durchschneiden, herrscht Einsamkeit. Die wüstenhaften Berge des Ostens sind so trocken, die Nächte so sternenklar, dass hier das Observatorium Calar Alto der ESA gebaut wurde. In der Sierra bei **Tabernas** sieht es aus wie im nördlichen Mexiko – mitsamt der natürlichen Kakteenvegetation eine passende Landschaftskulisse für Westernfilme, die hier gedreht werden.

Erstaunlicherweise präsentiert sich das Hinterland ganz unberührt von dem Rummel, der an der Küste herrscht. Die **Alpujarras** mit ihren archaisch pittoresken Dörfchen wirken, obwohl zwischen der trubeligen Küste und Granada gelegen, komplett abgeschieden. Gleich hinter dem eleganten Málaga geht es steil in die Bergschluchten hinauf, zum Beispiel in den **Parque Natural del Torcal**. Wandergebiete und Routen für Mountainbiker mit herrlichen Ausblicken auf die Küsten locken also allerorten.

Informationsmaterial für Besucher ist nicht gerade knapp an der Costa del Sol. Das rührige Patronato de Turismo mit seiner informativen Webseite www.visitcostadelsol.com (auch auf Deutsch) gibt zahlreiche Broschüren zu unterschiedlichsten Aktivitäten und Schwerpunkten heraus.

TOUREN IN DER REGION

VON ALMERÍA ZUM CABO DE GATA

ROUTE: Almería › Tabernas › Sorbas › Níjar › Parque Natural Cabo de Gata

KARTE: Seite 112
LÄNGE/DAUER: 130 km, 2 Tage
PRAKTISCHE HINWEISE:
- Eine Strecke für Wüstenfans – am besten mit dem eigenen Wagen.
- Auf dem Weg nach Tabernas liegen zwei Filmkulissendörfer, die nicht nur Kindern Spaß machen. Die Strecke von Lucainena de las Torres nach Níjar schneidet mitten durch den malerischen Karst der Sierra aus Gipsstein. Wer ausgedehnte Sandstrände liebt, ist im Naturpark Cabo de Gata richtig.
- Übernachtungsmöglichkeiten gibt es in San José.

TOUR-START:
Die hell leuchtende 175 000-Einwohner-Stadt **Almería** 1 › S. 114 liegt in einer weiten, von einer Bergkette gesäumten Bucht. Ihr Hafen zählt zu den bedeutendsten der andalusischen Mittelmeerküste und ist Umschlagplatz der Produkte der Provinz: für das Eisen aus der Sierra de los Filabres sowie für das Gemüse aus dem Andarax-Becken und den Tälern des Küstenstreifens, wo es unter Plastikplanen reift.

24 km nordöstlich von Almería glaubt man dann, in Arizona zu sein. Die wilde Sierra de Alhamilla ist die Region mit der geringsten Niederschlagsmenge des europäischen Kontinents. Diese Landschaft kennt man aus den Italowestern von Sergio Leone oder aus *Lawrence von Arabien*, denn diese Filme wurden hier gedreht.

Der Gebirgsrand erstreckt sich von **Tabernas** 3 › S. 116 bis in das ruhige Töpferdörfchen **Sorbas** 4 › S. 116. Spektakulär ist der Streckenabschnitt zwischen Lucainena de las Torres bis hinunter nach Níjar, der wie ein Balkon in die Berglandschaft geschnitten ist – weißgetünchte *cortijos*, kleine Landgehöfte, erheben sich auf landwirtschaftlich genutzten Terrassen. Am frühen Abend glüht die Wüste hier in einer besonderen Farbenpracht. In **Níjar** J4 gibt es viel Töpferware, beinahe schon in industriellem Ausmaß.

Mehrere Wege führen hinunter an die Küste in den **Parque Natural Cabo de Gata** 5 › S. 116. Die Strecke zum Leuchtturm am »Achat-Kap« begleitet rechter Hand das von langen Sandstränden gesäumte Meer, links eine ausgedehnte Saline. Den Leuchtturm am Cabo de Gata sollte man unbedingt erklimmen: vor sich das Meer, unter sich die zerklüftete, buchtenreiche Küste.

Um nach **San José** 6 › S. 117 zu gelangen, geht's durchs Parkinnere, dort gibt es ein Informationsbüro des Naturparks und einen Lehrpfad gleich mit dazu. In San José stehen ausreichend Unterkünfte zur Verfügung, und mit der **Playa de los Genoveses** ist einer der schönsten Strände schnell erreicht.

Lohnende Ziele sind auch La Isleta und **Rodalquilar** 7 › S. 117 mit einer aufgelassenen Goldmine und einem kleinen, hochinteressanten Museum. Auf dieser Höhe liegen weitere schöne und einsame Strände, z. B. El Playazo mit der Ruine des Castillo San Román und dem **Torre Las Alumbres,** dem ältesten Relikt im gesamten Naturpark.

IN DIE ALPUJARRAS

ROUTE: Salobreña › Lanjarón › Pampaneira › Bubión › Capileira › Trevélez › Yegen

KARTE: Seite 112
LÄNGE/DAUER: 120 km, 2–3 Tage
PRAKTISCHE HINWEISE:
- Wer sich dem gemächlichen Rhythmus der Dörfchen hingeben

TOUREN AN DER COSTA DEL SOL

TOUR 9

VON ALMERÍA ZUM CABO DE GATA

Almería › Tabernas › Sorbas › Níjar › Parque Natural Cabo de Gata

> Karte S. 112   DIE COSTA DEL SOL | 113

- will, nimmt den Bus, der jeden Ort auf der Strecke Órgiva–Yegen zweimal täglich ansteuert.
- Alle mit weniger Zeit brauchen einen Wagen: Autovermietung gibt es an den Flughäfen von Granada oder Málaga.
- Diese Region ist herrlich für Wanderer, Mountainbiker und neuerdings auch für Canyoning.

TOUR-START:

Von **Salobreña** 8 > S. 118 an der Costa Tropical, einem Küstenabschnitt der Costa del Sol, geht es hinauf in die sagenumwitterte Gebirgsregion der Alpujarras unterhalb der Sierra Nevada, praktisch auf halbem Weg nach Granada. Der lieblich verschlafene Kurort **Lanjarón** 9 > S. 118 bildet das Eingangsportal. Ganz anders **Pampaneira** 10 > S. 118, das auf einer gut ausgebauten Terrassenstraße durch Oliven- und Agavenfelder zu erreichen ist: Hier atmet man bereits das Gebirge. Der Ort gehört mit seiner besonderen Architektur zu den malerischsten in den Alpujarras: Die weißen Hauswürfel aus luftgetrocknetem Lehm und Holz an den engen Gassen (kein Verkehr!) sind teilweise übereinan-

TOUR 10

IN DIE ALPUJARRAS

Salobreña > Lanjarón > Pampaneira > Bubión > Capileira > Trevélez > Yegen der gebaut, die Terrassen bilden Passagen. Von Pampaneira auf 1062 m Höhe geht es noch einmal 400 m hinauf nach Bubión und Capileira › S. 119 – und stets hat man den Mulhacén (3481 m) und den Pico de Veleta (3392 m) im Blick, die beiden höchsten Gipfel der Sierra Nevada. Ein grandioses Panorama!

Zu den Alpujarra-Dörfern gehörte stets ein kommunaler Dreschplatz für das Getreide und den Mais, die auf den Feldterrassen angebaut wurden, meist liegen sie hinter dem Dorf. Heute sind sie ausgezeichnete Aussichtspunkte, z. B. jene von Pampaneira und Capileira. Die Mauren ermöglichten mit ihrem Bewässerungssystem den Obst- und Gemüseanbau in dieser Gegend.

Nach weiteren anspruchsvollen Kehren erreicht man **Trevélez** 11 › S. 119, das hoch über dem Tal des gleichnamigen Flusses liegt. Das archaisch anmutende Örtchen macht durch den luftgetrockneten Schinken auf sich aufmerksam – und so gibt es vor dem Ortseingang reichlich Gelegenheit, ihn zu probieren und zu kaufen.

Weiter östlich und ein bisschen niedriger liegt **Yegen** G4, das einst berühmten Besuch hatte: Die englische Schriftstellerin Virginia Woolf besuchte hier ihren guten Freund Gerald Brenan. Zwischen 1919 und 1934 lebte er vorwiegend hier, nicht ohne Yegen und seinen Bewohnern ein literarisches Denkmal zu setzen. Sein Haus in Málaga in der Calle Torremolinos 56 ist zu einem Kulturzentrum umgewidmet worden. Von Yegen lässt sich dann die Fahrt über Ugíjar und Andarax nach Almería fortsetzen.

VERKEHR

In dieser Gegend sollte man einen (Miet-)Wagen haben. Autoverleihfirmen gibt es an den Flughäfen von Almería und Málaga (www.aena.es); Busverbindungen zu allen Orten in den Alpujarras.

UNTERWEGS IN DER REGION

ALMERÍA 1 ⭐ H5

Dank seines im Sommer heißen und trockenen, im Winter milden Klimas hat sich Almería nicht nur zu einem Tourismuszentrum entwickelt, sondern – bei 3000 Sonnenstunden im Jahr – auch zu einem der Solartechnik. Das volkstümliche Viertel **Chanca** zwischen Altstadt und Alcazaba, altmodische Ladenpassagen in der **Calle de las Tiendas,** die einen Teil des alten Judenviertels einnimmt, moderne Fassaden am **Paseo de Almería** mit seinen vielen schönen Cafés und der **Hafen** sind lebendig und sehenswert. Über der Altstadt thront die Ruine der **Alcazaba**. Die Burg wurde im 10. Jh. unter Abd ar-Rahman III., dem ersten Kalifen von Córdoba, begonnen. Sie besteht aus drei Abschnitten. Der östliche Bereich diente vermutlich als Truppenquartier, während der dahinter liegende Abschnitt die Palaststadt umschloss.

Die Festung am westlichen Ende wurde erst nach der Eroberung der Stadt 1489 von den Katholischen Königen errichtet (zu Fuß erreichbar ist sie von der hübschen, arkadenumsäumten Plaza de la Constitución, dem ältesten Platz der Stadt; im Sommer Di–Sa 9–15.30, 18.30 bis 22, So 10–17, sonst Di–Sa 9 bis 18.30 Uhr). Die **Kathedrale** entstand 1524 auf dem Fundament der bei einem Erdbeben vernichteten Freitagsmoschee. Im 16. Jh. war Almería ständig von Türken- und Berberpiraten bedroht; die Kathedrale erhielt deshalb einen wehrhaften Baukörper mit vier Türmen. Nur die Renaissanceportale lockern den Bau auf. Kostbarstes Stück im dreischiffigen Innenraum ist das geschnitzte Chorgestühl (1560) von Juan de Orea.

Flaniert man die Küstenpromenade Nicolás Salmerón entlang nach Osten, kommt man zur Avenida Federico García Lorca, die die Grenze zwischen alter und moderner Stadt bildet. In der Carretera de Ronda liegt das sehenswerte **Museo Arqueológico de Almería** mit schön präsentierten Exponaten und interessanten Sonderausstellungen (Di bis Sa 9–20, So 9–15 Uhr, Eintritt frei).

Almerías Landschaften bildeten oft Kulissen für Spielfilme und Serien, zuletzt »Game of Thrones«. In der **Casa del Cine,** dem Haus des Kinos, wird jetzt daran erinnert. Es ist ein schönes umgebautes Landhaus, in dem u. a. John Lennon übernachtete und seinen Geburts-

Altstadtgasse in Almería

tag feierte, als er 1966 *Wie ich den Krieg gewann* drehte (Camino Romero 1, Juni–Sept. 10.30–13.30, Fr, Sa auch 18–21, sonst Di–So 10–13, Fr, Sa auch 17–20 Uhr).

Almería wurde für das Jahr 2019 zur spanischen Gastronomiehauptstadt gewählt.

INFO
Oficina de Turismo
- Plaza de la Constitución s/n
  Tel. 950 21 05 38
  www.turismodealmeria.org

VERKEHR
- **Busbahnhof** an der Plaza de la Estación, Verbindungen nach Jaén, Sevilla, Guadix, Málaga und Granada.
- **Bahnhof** an der Plaza de la Estación. Spektakulär: die Fahrt nach Granada.

HOTELS

Aire Hotel – Plaza Vieja €€€
Liegt toll, hat eine bunte Terrasse und präsentiert sich als Mischung aus historisch und modern. Mit Hammam.
- Plaza de la Constitución 4
  Tel. 950 28 20 96 | www.plazaviejahl.com

Hotel Catedral €€
Elegant möbliertes, originelles Hotel in einer Villa. Gutes Restaurant.
- Plaza de la Catedral | Tel. 950 27 81 78
  www.hotelcatedral.net

RESTAURANTS

Restaurante Salmantice €€
In dem hübschen kleinen Restaurant kommt Hochwertiges aus Spaniens Provinzen auf den Tisch.
- Costa Balear 16 | Tel. 950 62 55 00
  Mo nur mittags, So geschl.

Casa Puga €
Familienbetrieb mit traditionellen Tapas.
- C. Jovellanos 7 | Tel. 950 23 15 30
  www.barcasapuga.es | So geschl.

Weitere gute Plätze für **Tapas** sind: Taberna Nuestra Tierra (C. Jovellanos 16) und El Quinto Toro (C. Juan Leal 6).

OASYS PARQUE TEMÁTICO 2 J4

Die bei **Tabernas** 3 J4 aufgebaute Westernstadt nennt sich auch Mini-Hollywood. › mehr S. 17 Punkt 30 Westernfans fühlen sich bei live gespielten Cowboy-Filmszenen in den Wilden Westen versetzt. Mit Saloons, Ziehbrunnen, Gefängnis und einem Galgengerüst ausgestattet, ist alles da, was man von einem Westerndorf erwartet (Themenshows: April–Okt. Di–So 12 und 17, Juni bis Sept. auch 20 Uhr, www.oasysparquetematico.com).

SORBAS 4 J4

Das von Terrassen gerahmte Töpferdorf liegt malerisch an einem Felsabbruch über dem Río Aguas. In der Altstadt von Sorbas drängeln sich dicht an dicht weiße Häuser.

In einigen Häusern sind **Töpferwerkstätten**, Espartogras-Flechtereien oder Kunstschmieden untergebracht. › mehr S. 17 Punkt 35

PARQUE NATURAL CABO DE GATA 5 ★ J5

Der 26 000 ha große Naturpark aus vulkanischer, bis 500 m hoher Sierra, flacher Steppe, Dünen und Salinen ist in Europa einmalig. In dem wüstenhaften Klima gedeihen Agaven, Zwergpalmen Disteln und Espartogras, es gibt Dachse, Wiesel, Ginsterkatzen, Flamingos und Störche. Auch die maritime Fauna ist hier unter Schutz gestellt. Hinter dem Fischerdorf Cabo de Gata hat sich eine verlandete Lagune in eine Saline verwandelt. Vom Leuchtturm **Torre de Vigia Vela Blanca** hat man eine wunderbare Aussicht hoch über dem »Achat-Kap«.

Lehrpfade erschließen den Park, Auskünfte darüber erhält man im Besucherzentrum des Parks Las Almoladelas mit angeschlossener Bibliothek und kleinem Shop (ausgeschildert: Centro de Visitantes, Las Amoladeras, Carretera Almería–Cabo de Gata, www.degata.com).

Es gibt einige schöne Naturhotels, z. B. **Las Salinas** in Almadraba de Monteleva (hoteldelassalinas.com, €) und **Las Calas** in Agua Amarga (www.hotellascalas.es, €€). Und die Küste könnte abwechslungsreicher nicht sein: goldgelber feiner Sand und knallweiße Felsen, das Wasser recht kühl und tiefblau.

Unbedingt einen Sonnenschirm mitnehmen, Schatten gibt's nicht!

SAN JOSÉ 6 J5

Da die ganze Gegend durch den Status eines Naturparks und die Erklärung der UNESCO zum Biosphärenreservat geschützt ist, dürfte in San José nicht viel gebaut werden – doch die Begehrlichkeiten sind zu groß. In dem Fischerort wuchs die Zahl der Hotels, Pensionen und Restaurants langsam, aber stetig, sodass eine propere touristische Infrastruktur entstanden ist. Trotzdem wirkt es nicht überlaufen.

HOTEL

Cortijo El Sotillo €€
Der Landhof ist alt, die Hotelanlage kubistisch reduziert. Mit Pool.
• Ctra. San José | Tel. 950 61 11 00
  www.playasycortijos.com

RESTAURANTS

Am östlichen Ende der Bucht gibt es eine bunte Vielfalt an Restaurants.

RODALQUILAR 7 J5

Ein Stück weiter im Landesinnern liegt die einstige Bergarbeitersiedlung. Bis in die 1950er-Jahre wurde

Salinenlandschaft im Naturpark Cabo de Gata – das gibt es so nirgendwo sonst in Europa

in den nahen Minen Gold gefördert: Die Anlagen sollte man sich unbedingt ansehen! Heute ist hier das **Ecomuseo Casa de los Volcanes** (Do–So 10–14 Uhr) untergebracht, das über die Minenarbeit und die Geschichte der Region informiert.

In der Nähe liegt der ausgedehnte **Strand El Playazo de Rodalquilar** – auf dem Weg dorthin findet man das 4-Sterne-Hotel Rodalquilar.

INFO
Oficina del Parque Natural
- Fundación s/n | Níjar | Tel. 950 10 16 76
  www.parquenatural.com
  www.cabodegata-nijar.com

SALOBREÑA 8 G5

Das »richtige« alte Städtchen liegt auf einem Felsen in einem halbkreisförmigen Küsteneinschnitt der Costa Tropical. Die Oberstadt mutet wie eine nordafrikanische Medina an, am Kieselstrand dagegen ist eine Feriensiedlung und damit ein zweites Zentrum entstanden. Vom Binnenland durch eine hohe Bergkette abgeschirmt und von kleinen Flüssen bewässert, gedeihen in dem milden Klima u. a. tropische Früchte.

LANJARÓN 9 G4

Abgesehen vom Kurbetrieb lebt der ruhige Ort am Fuß der Alpujarras von der Produktion des gleichnamigen Mineralwassers. Auf dem Hügel gegenüber der Stadt befinden sich die Ruinen der maurischen Festung; von der Anlage ist zwar nur wenig erhalten, aber der **Panoramablick** in die bizarre Berglandschaft der Alpujarras ist großartig. Das Vorgebirge der Sierra Nevada erhält reichlich Niederschlag. Auf Terrassen werden neben Wein, Oliven, Zitronen und Orangen vor allem Mandelbäume kultiviert. Gemahlene Mandeln wandern in die typische Süßigkeit von Lanjarón, die *suspiros* (Seufzer). › mehr S. 15 Punkt 22

HOTEL
Alcadima €€
Hotel im Landhausstil mit großer Terrasse und Pool.
- Francisco Tarrega 3 | Tel. 958 77 08 09
  www.alcadima.com

ALPUJARRA-DÖRFER

Auf bereits 1058 m Höhe liegt **Pampaneira** 10 G4 an einer kurven-

---

💬 SPORT IN DEN ALPUJARRAS

Die Alpujarras eignen sich perfekt für Wandertouren, die entlang der Anbauterrassen verlaufen. Einfaches Kartenmaterial ist in der Touristeninformation in Lanjarón und in Pampaneira erhältlich. Geführte Touren bietet u. a. **Nevadensis** in Pampaneira (Tel. 958 76 31 27, www.nevadensis.com). Hier kann man auch Canyoning und Mountainbiking buchen. Ausritte organisieren verschiedene Veranstalter in Bubión und Lanjarón, z. B. **Caballo Blanco Trekking** › S. 107. Ihr gemeinsames Portal heißt www.andaluciaacaballo.org.

reichen, gut zu befahrenden Bergstraße. Ineinander geschachtelte Häuserkuben mit den für die Alpujarras so typischen terrassenartigen Flachdächern aus Holz, Schieferplatten und Tonerde ziehen sich treppenartig den Hang hoch. Direkt am Ortseingang befindet sich ein Parkplatz. In dem so typischen, winzigen bäuerlichen Dorfkern gibt es ausreichend Möglichkeiten, etwas zu essen und ein regionaltypisches Souvenir zu erstehen. Auch die noch höher an der Straße gelegenen Dörfer **Bubión** und **Capileira** sind in diesem Stil errichtet.

Von Capileira aus verkehrt viermal täglich ein Ausflugsbus, in dem man naturkundliche Informationen über die Gegend bekommt (Tel. 958 76 34 86), bis zum **Alto de Chorillo**. Die Aussicht von dort ist berückend. Ebenfalls schöne Aussichtsplätze mit weitem Blick auf *cortijos*, Berggipfel und Terrassen sind die ehemaligen Dreschplätze von Pampaneira und Capileira.

Hinter Capileira führt die höchste Gebirgsstraße Europas vorbei am **Mulhacén** (3481 m) zum **Pico de Veleta** (3392 m); sie verbindet Pampaneira mit Granada. Die Straße ist allerdings nicht immer geöffnet und sollte auch nur mit Allradantrieb befahren werden. Erkundigen Sie sich vor Ort oder beim Verkehrsamt in Granada nach dem Straßenzustand.

HOTELS

Hotel Finca Los Llanos €€
Gepflegte Anlage mit Balkon- und Terrassenzimmern im andalusischen Stil; mit Restaurant und Pool.
- Crta. Sierra Nevada s/n
  Capileira | Tel. 958 76 30 71
  www.hotelfincalosllanos.com

Hotel Villa de Bubión €€
Gemütliche Anlage mit Kaminzimmern und Pool im Stil eines Alpujarra-Dorfs.
- Barrio Alto s/n
  Bubión
  Tel. 958 76 39 73
  www.hotelvilladebubion.com

RESTAURANTS

Es gibt in allen drei Orten nette Ausflugsrestaurants, z. T. auf den Dachterrassen der Häuser. > mehr S. 15 Punkt **18**

TREVÉLEZ 11 G4

Ein Stück weiter westlich und mit 1476 m weit oben im Gebirge liegt das winzige Trevélez. Es türmt sich an einer Bergflanke in die Höhe, wie viele Alpujarra-Dörfer aufgeteilt in ein unteres, ein mittleres und ein oberes Viertel. Will man dem Trubel im Barrio Bajo entgehen, steigt man zum Barrio Medio hinauf.

HOTEL

La Fragua €
Rustikales Haus mitten im Dorf, mit großen Zimmern, tollen Ausblicken und Pool.
- Barrio Medio | Tel. 958 85 86 26
  www.hotellafragua.com

RESTAURANT

Mesón del Jamón €
Mit Aussichtsterrasse. Die obligatorische Adresse für den hoch gerühmten Schinken von Trevélez. > mehr S. 18 Punkt **37**
- Calle Cárcel 2
  Tel. 958 85 86 79

NERJA 12 F5

Der Badeort an der Costa Tropical unterscheidet sich von den anderen Hotel- und Ferienhaussiedlungen der Sonnenküste dadurch, dass er auf natürliche Weise gewachsen ist.

Sein verwinkeltes Zentrum mit Kneipen, Läden und Promenaden hat Charme; der **Balcón de Europa,** eine ins Meer ragende Felsnase mit Esplanade und guter Aussicht auf die Sierra im Hinterland, ist eine Sehenswürdigkeit. Rechts und links davon erstrecken sich die Strände.

Vor allem Engländer lieben Nerja als Überwinterungsziel, was dem Ort einen netten **Flohmarkt** > S. 123 verschafft hat.

Rund 4 km oberhalb der Stadt liegt ein imposantes System von Tropfsteinhöhlen, die **Cueva de Nerja.** Vor rund 45 000 Jahren soll diese Schöpfung aus bizarren Steinformationen einmal bewohnt gewesen sein, wie Kultzeichnungen vermuten lassen. Heute ist sie eine der größten Attraktionen Südspaniens.

Auf einer Länge von vier Kilometern sind die Höhlen gut begehbar und effektiv beleuchtet, sodass man immer neue Figuren in den Stalaktiten und Stalagmiten erblicken kann. Im Sommer dient der größte Saal der Höhlen als Bühne für ein internationales Musik- und Tanzfestival (Tel. 952 52 95 20, www.cuevadenerja.es, tgl. 9.30–15.30, Juli, Aug. sowie Gründonnerstag–Ostersamstag 9.30–18 Uhr, je nach Saison 11 bis 13 € bei Onlinebuchung, sonst 13–15 €, Mo–Fr um 9.30 Uhr jeweils freier Eintritt).

HOTELS

Parador de Nerja €€€
Geschmackvoll, modern, mit riesigem Garten, tollem Blick und Pool.
- Almuñécar 8
  Tel. 952 52 00 50
  www.parador.es

Casa El Morisco €€
Die gepflegte Anlage eines kleinen, familiengeführten Unternehmens liegt auf halbem Weg zwischen Nerja und Málaga. Vegetarische/vegane Mahlzeiten aus Bio-Anbau, Wellness mit Sauna und Massagen.
- Benajarafe | Tel. 952 51 47 12
  www.casaelmorisco.com

FRIGILIANA 13 F5

Nur 6 km von Nerja entfernt, aber schon in den Bergen, liegt Frigiliana, ein weißes Dorf mit kleinen, ineinander verschachtelten Häusern und schmalen Gassen. Es gibt einige hübsche Geschäfte mit Keramik, Papier Schmuck und. Einige Ausflugsrestaurants bieten einen grandiosen Ausblick auf die Küste, etwa El Jardín (thegardenfrigiliana.com, Di bis So 12–16 Uhr, €€–€€€). Von Nerja aus kann man auch nach Frigiliana wandern; Details erfährt man im Fremdenverkehrsamt.

Wer weiter in die Bergwelt fährt, wird belohnt mit einer Panoramafahrt zwischen den Orten **Sayalonga** und **Cómpeta** und wieder hinunter nach Nerja/Algarrobo. An den schönsten Kehren dieser spektakulären Strecke sind **Miradores** (Aussichtspunkte) in die Landschaft gesetzt, von Künstlern bemalt im Stil von Niki de St. Phalle und Gaudí.

MÁLAGA 14 E5

Die Hafen- und Provinzhauptstadt (600 000 Einw.) an der Mündung des Guadalmedina breitet sich zu Füßen der Montes de Málaga in der größten Talebene der Küstenlandschaft aus. In der Umgebung werden Baumwolle, Zuckerrohr, Feigen, Zitrusfrüchte, Avocados, Mangos und Chirimoya angebaut – die Region genießt ein besonderes Mikroklima. Früher wurde hier auch Tabak kultiviert – und die ehemalige *tabacalera* zu einem spektakulären Museumskomplex umgebaut. Wie auch ganz Málaga sich unglaublich gemacht hat!

Sicher, Bürohäuser und Apartmentblöcke prägen zwar die Neustadt, aber das quirlige und elegante Stadtzentrum um die Renaissancekathedrale wurde zur Fußgängerzone umgewandelt, punktet mit wunderschön restaurierten Fassaden aus den Anfängen des 20. Jhs. und zählt mittlerweile stolze 37 Museen. Und wem es zu heiß wird in der Stadt, der springt ins Meer: Málaga hat nämlich Stadtstrände.

GIBRALFARO A

Im Osten thront der »Berg des Leuchtturms« (dem Wegweiser zum Parador folgen). Seiner strategischen Bedeutung wegen sind auf diesem Hügel immer wieder Festungen gebaut worden. Die Ruinen des **Castillo del Gibralfaro** stammen aus nasridischer Zeit. Vom Mauerring

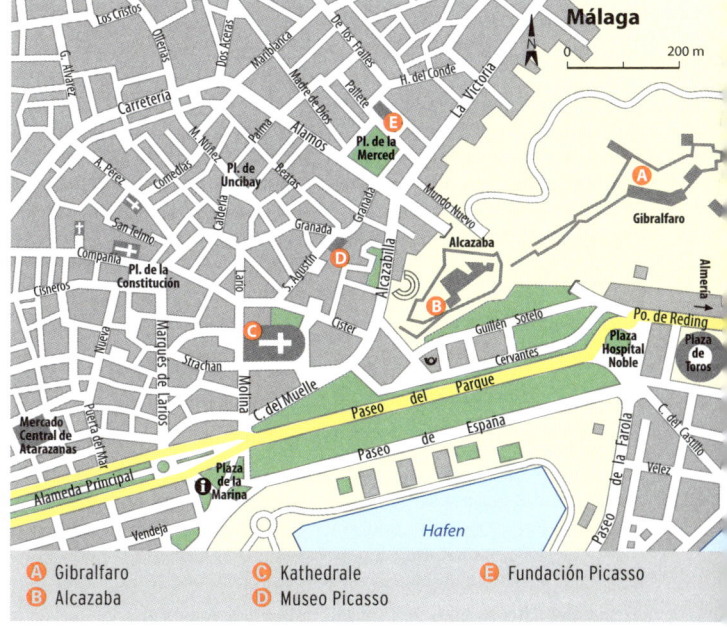

- A Gibralfaro
- B Alcazaba
- C Kathedrale
- D Museo Picasso
- E Fundación Picasso

Das Centre Pompidou befindet sich unter dem »El Cubo« genannten Glasbau

aus überblickt man die ganze Stadt (tgl. 9–20, im Winter bis 18 Uhr).

ALCAZABA B
Zu Füßen des Burgbergs liegt der Palast der Alcazaba, mit dem Castillo del Gibralfaro durch einen Wehrgang verbunden. Die Alcazaba war die Residenz der maurischen Herrscher von Málaga. Die Anlage wurde seit dem 13. Jh. von den Nasriden ausgebaut (Di–So 9–20, im Winter bis 18 Uhr). Westlich am Hang liegen die Ruinen des **Römischen Theaters** aus dem 1. Jh. n. Chr.

KATHEDRALE C
Nach der Grundsteinlegung 1528 zogen sich die Bauarbeiten an der Kathedrale über 200 Jahre hin. Der Innenraum ist als dreischiffige, 48 m hohe Halle konzipiert. Die Heiligenfiguren des Chorgestühls von 1662, ein Hauptwerk von Pedro de Mena, zählen zu den Höhepunkten spanischer Schnitzkunst. Ältestes Ausstattungsstück ist das spätgotische Retabel in der Capilla de Santa Bárbara (Mo–Sa 10–17 Uhr).

MUSEO PICASSO D 9
In der Calle San Agustín liegt das Museo Picasso im renovierten Renaissance-Palacio de los Condes de Buenavista (16./17. Jh.). Die rund 200 Exponate illustrieren sehr eindrucksvoll Picassos künstlerische Entwicklung (Juli, Aug. tgl. 10–20, sonst bis 18/19 Uhr, www.museopicassomalaga.org).

FUNDACIÓN PICASSO E
Málagas berühmtester Sohn Pablo Picasso wurde 1881 im Haus Nr. 15 der Plaza de la Merced geboren. Heute hat die Picasso-Stiftung hier ihren Sitz; Prunkstück ist die Bibliothek (Mo–So 9.30–20 Uhr).

MUSEEN – EINE AUSWAHL
Das **Centre Pompidou** ist der neue Star unter den zahlreichen Museen, zeigt es doch zeitgenössische und moderne Kunst, die sonst nirgendwo in der Stadt präsentiert wird (Muelle Uno, Mi–Mo 9.30–20 Uhr, www.centrepompidou-malaga.eu).

Museo Carmen Thyssen präsentiert eine Sammlung spanischer Gemälde des 19. und 20. Jhs. (C. Compania 10, Di–So 10–20 Uhr, www.carmenthyssenmalaga.org).

Museo de Málaga – brandneues und hochinteressantes Geschichtsmuseum der Stadt im kostbar restaurierten ehemaligen Zollgebäude

(Palacio de la Aduana, Plaza de la Aduana, Di–Sa 9–21, So 9–15 Uhr, www.museosdeandalucia.es).

In der Ex-Tabakfabrik macht das **Museo Ruso** auf sich aufmerksam mit Schauen, die aus St. Petersburg geschickt werden (Avenida Sor Teresa Prat 15, Di–So 9.30–20 Uhr, So ab 16 Uhr Eintritt frei, www.coleccionmuseoruso.es), sowie das **Automobil- und Modemuseum** (Mo–Sa 10–19 Uhr, www.museoautomovilmalaga.com).

INFO
Información Turística
- Plaza de la Marina | Tel. 951 92 66 20
  www.malagaturismo.com

VERKEHR
- **Flughafen:** www.aena.es
- **Bahnhof:** Esplanada de la Estación
- **Busbahnhof:** Paseo de los Tilos s/n. Die Stadt ist wichtiger Verkehrsknotenpunkt.

HOTELS
Parador de Málaga Gibralfaro €€€
Rustikal eleganter Parador unterhalb des Castillo del Gibralfaro. Toller Blick.
- Castillo de Gibralfaro s/n
  Tel. 952 22 19 02 | www.parador.es

Hotel Petit Palace Plaza €€–€€€
Zentral bei der Marqués de Larios in einem restaurierten Großbürgerhaus.
- Nicasio Calle 3 | Tel. 952 22 21 32
  www.petitpalaceplazamalaga.com

Don Curro €€
Sehr zentral gleich hinter der Plaza Marina gelegen. Klassisch elegante Einrichtung.
- Sancha de Lara 9 | Tel. 952 22 72 00
  www.hoteldoncurro.com

RESTAURANTS
Frühstücken wie die *malagueños,* nämlich mit *churros y chocolate,* kann man in der kleinen Passage Herrería del Rey, die von der Calle Larios zum Lebensmittelmarkt Atarazanas führt: Am besten schmeckt es in der **Casa Aranda** (Tel. 952 22 28 12).

José Carlos García €€€
Michelinprämierte Küche mit regionalen Produkten.
- Plaza de la Capilla | Muelle Uno
  Puerto de Málaga | Tel. 952 00 35 88
  www.restaurantejcg.com/en

BUNTE MÄRKTE

- Donnerstags wird der **Straßenflohmarkt** in **Sevilla** aufgeschlagen: schön atmosphärisch, mitten in der Altstadt. > S. 69
- **Antiquitäten und Kunsthandwerk** kann man sonntags bis 18 Uhr in dem pittoresken weißen Dorf **Medina Sidonia** erstehen – klein und fein. > S. 91
- Überraschungen hält auch der **Rastro de Segunda Mano** bereit, der in **Jerez de la Frontera** abgehalten wird. > S. 108
- Der **Flohmarkt** von **Nerja** ist wahrlich einen Besuch wert – und zwar Sonntag und Dienstag vormittags in der Urbanización Flamingo. > S. 120
- Neben Früchten, Gemüse und Gewürzen wird man beim Sonntagsmarkt in **El Arenal** in **Córdoba** auch bei Secondhand-Kleidung fündig. > S. 137

Restaurante Maricuchi €–€€
Direkt am Strand die frischesten Fische und Meeresfrüchte genießen.
- Paseo Marítimo 14 | Tel. 952 29 04 12

La Campana €
Hier schmeckt alles, und hier sprudelt die Stimmung. > mehr S. 15 Punkt ⑳
- Calle Granada 35 | Tel. 952 21 92 02

Antigua Casa de Guardia €
Angeblich die älteste Taverne der Stadt. Im urigen Ambiente probiert man Weine aus der Region Málaga. > mehr S. 14 Punkt ⑯
- Alameda Principal 18 | Tel. 952 21 46 80

SHOPPING

Über 1000 (!) Geschäfte liegen rund um die Calle Marqués de Larios und in deren Seitenstraßen.

NIGHTLIFE

Der Abend beginnt in Málaga mit einem ausführlichen Streifzug durch die Tapas-Bars rund um die Plazas Uncibay und de la Merced sowie in den Passagen links und rechts der Marqués de Larios: **Bar Orellana, Mesón Antonio, Mesón Mariano, Lo Güeno, La Aldea, La Cepa, Bar Central, Cortijo de Pepe.** > mehr S. 12 Punkt ❸ Überall nimmt man ein anderes Häppchen zum Bier oder zum Sherry. Danach zieht man in die Diskos und Salsa-Bars, die praktischerweise in derselben Ecke liegen.

AUSFLUG NACH EL TORCAL ⑮ E4

Über die Nebenstrecke, die im Westen von Málaga durch die Berge nach Antequera führt, gelangt man auf das dunkle Kalksteinplateau des **Parque Natural del Torcal,** das ca. 1200 ha umfasst. Die dunkelgraue Erosionslandschaft bietet einen bizarren Anblick: merkwürdig aufgeschichtete Gebilde, Pilzen oder Hüten ähnlich, erheben sich neben den markierten Spazierwegen.

MARBELLA ⑯ ⭐ E5

Seit den 1960ern verbindet man mit Marbella Sonne, Luxus, Geld. > mehr S. 15 Punkt ㉖ Inmitten der Altstadt liegt die **Plaza de los Naranjos** mit Orangenbäumen und Kandelabern sowie dem **Rathaus** (16.–18. Jh.). Über die blumengeschmückte Calle del Carmen kommt man zur **Iglesia de la Encarnación** (16. Jh.). In den weißen Gässchen finden sich zahlreiche Restaurants und Shops.

HOTELS

Andalucía Plaza €€€
4-Sterne-Hotel mit 400 Zimmern und Suiten; Ausstellungen moderner Kunst.
- Urb. Nueva Andalucía | Puerto Banús
  Tel. 952 81 20 00 | www.h10.es

La Villa Marbella €€€
Restauriertes edles Altstadtpalais.
- Calle Príncipe 10
  Tel. 952 76 62 20
  www.lavillamarbella.com

RESTAURANT

El Estrecho €
Das Tavernenlokal ist vermutlich das älteste Marbellas, und die Küche geht pfiffig mit traditionellen Rezepten um.
- C. San Lazaro 12 | Tel. 952 77 00 04
  www.barelestrecho.es

DER NORDOSTEN

Auf der Plaza del Campo Santo de los Mártires in Córdoba unweit des Alcázar

Endlose Olivenhaine und Renaissacestädte mit Charakter prägen den Nordosten, in dem auch Andalusiens größtes Naturschutzgebiet liegt. Aber der Höhepunkt ist zweifellos die ehemalige Kalifenstadt Córdoba.

Der Nordosten Andalusiens ist außerhalb der Landesgrenzen nicht sehr bekannt. Die Spanier jedoch sind ganz verliebt in den **Naturpark Sierras de Cazorla, Segura y Las Villas** – mit über 200 000 ha der größte Andalusiens –, weil er im glutheißen Sommer eine gebirgige, waldreiche und damit kühle Alternative zu den Stränden bietet. Im wildromantischen Park, der die Brücke schlägt zwischen der Sierra Morena im Norden und der Betischen Kordillere im Süden, kann man spazieren gehen, wandern, Rad fahren und reiten oder in Seen schwimmen und angeln. Im Park, der mit seiner Kalksteinunterlage geologisch ähnlich aufgebaut ist wie Gibraltar und die Sierra Nevada, gibt es auch rustikale Landhotels. In **Jaén**, **Úbeda** und **Baeza** sind Architekturschätze der Renaissance zu entdecken, die von der UNESCO zum Weltkulturerbe erhoben wurden. In Úbeda und Baeza sind sie bequem im Schlendergang zu Fuß aufzustöbern. Die Umgebung: ein endlos anmutender Teppich aus Olivenbäumen. Niemand sollte sich also wundern, wenn er in diesem sanfthügeligen Olivenland Öl anstatt Butter zum Frühstücksbrötchen bekommt. › mehr S. 18 Punkt ❹⓪ Andalusiens flüssigem Gold wurde in einem alten Landgut bei Baeza ein eigenes Museum gewidmet.

In der Sierra de Segura entspringt der **Guadalquivir**, bei **Córdoba** ist er bereits ein Strom. Córdoba selbst wiederum ist ein Star unter Andalusiens Städten – im 10. Jh. war es mit über einer Million Einwohnern die größte bekannte Stadt der Welt, ein Ort islamischer Gelehrsamkeit und Forschung, der Naturwissenschaften, der Kunst, der Philosophie, der Bibliotheken, und des ärztlichen Wissens. 756 wurde Córdoba von den Mauren erobert, doch im 11. Jh. versank diese Pracht, als das Omaijadenreich in Einzelstaaten zersplitterte und die Stadt in Ländlichkeit versank.

Viele Zeugnisse aus diesen Epochen haben sich erhalten, am prächtigsten natürlich die Mezquita, eine riesige Moschee mit einem wundersamen Palmenhain aus Marmorsäulen. Spaziergängerfreundlich ist Córdoba in seiner enggassigen Judería und in der eleganten Innenstadt. Nur die Temperaturen sind nicht jedermanns Sache: Im Sommer sinken sie selten unter 40 °C. Am schönsten ist es in der Stadt im Mai, wenn Feria-Zeit ist und der Wettbewerb um den schönsten Innenhof stattfindet.

Auskunftsstellen gibt es in Jaén, Úbeda und Baeza und natürlich in Córdoba. Im Naturpark selbst ist dem Informationsbüro ein kleines Museum angegliedert.

TOUREN IN DER REGION

VON JAÉN NACH ÚBEDA

> **ROUTE:** Jaén › Baeza › Úbeda
>
> **KARTE:** Seite 128
> **LÄNGE/DAUER:** 62 km, 2 Tage
> **PRAKTISCHER HINWEIS:**
> - Hier sind die Städte mit ihren Bauwerken aus der Renaissance das Reisemotto; da es sich um direkte, kurze Strecken handelt, kann man diese Tour auch problemlos mit dem Bus bewältigen.

TOUR-START:

Schon früh lag **Jaén** 3 › S. 138 auf antiken Handelsrouten – bereits die Iberer nahmen diesen Weg von der Sierra Morena zum Meer. Und so ist das dortige archäologische Museum eine Fundgrube für Geschichtsinteressierte. Jaén lehnt sich an die Sierra Jabalcuz an und imponiert durch eine prachtvoll auf einem Felsen gelagerte Alcazaba, von der man die weite Hügellandschaft der Olivenregion überblickt. Die Renaissancekathedrale gilt als eines der Meisterwerke des Architekten Andrés de Vandelvira.

Auch auf dem Weg nach **Baeza** 4 › S. 140 begleiten Olivenhügel den Weg, unterbrochen von nur wenigen kleinen Waldstücken. › mehr S. 17 Punkt 34 Früher einmal wurde hier Weizen angebaut. Die Mauren führten Zitrusfrüchte und Datteln ein. Baeza erinnert viele Besucher wegen seiner Bauwerke aus der Renaissance, aber auch wegen seiner heiteren Stimmung an die Toskana.

Úbeda 5 › S. 141 prunkt mit den meisten Adelspalästen, denn ganz in der Nähe liegt Las Navas de Tolosa, ein auf der Landkarte der Reconquista bedeutender Ort – hier wurden die maurischen Heere 1212 von den Katholiken besiegt. Die daran beteiligten Adligen ließen sich in Úbeda ihre Residenzen bauen.

Eingang zum Laden-Museum »Ubediés Artesanía con Esparto« in Úbeda

TOUR 12

IN DIE SIERRAS DE CAZORLA, SEGURA Y LAS VILLAS

ROUTE: Úbeda › Cazorla › Torre del Vinagre › Hornos › Segura de la Sierra

KARTE: Seite 128
LÄNGE/DAUER: 155 km, mind. 2 Tage
PRAKTISCHE HINWEISE:
- Neben den sportlichen Aktivitäten macht es auch Spaß, einfach durch die uralten Dörfchen zu streifen.
- Hier lohnt das eigene (Miet-)Auto.
- Tgl. Busverbindungen gibt es von Jaén und Baeza sowie von Úbeda nach Cazorla.
- Im Park verkehrt ein Bus von Cazorla nordwärts nach Iruela, Burunchel, Río Frío und Coto Ríos.

TOUR-START:
Die **Sierras de Cazorla, Segura y Las Villas** › S. 144 im Osten von Úbeda sind mit 214 336 ha das größte Naturschutzgebiet Andalusiens.

Von Úbeda **5** › S. 141 aus sind es rund 45 km bis zum Einstiegsort in den Naturpark, **Cazorla 6** › S. 143. Hier kann man bereits Waldluft atmen. Sehens- und deswegen einen kleinen Abstecher wert ist die Turmruine bei **Iruela** › S. 144. Die Carretera del Tranco A 319 geleitet anschließend durch den Park.

Links und rechts der Straße liegen die Zufahrten zu einigen Waldhotels und Campingplätzen. Der Halt am Informationszentrum des Parks in **Torre del Vinagre 7** › S. 145 bei km 48 sollte obligatorisch sein. Neben einer Fülle an Informationsmaterial gibt es Anschauungsunterricht im angeschlossenen Museum. Insgesamt stehen rund 280 km markierte Wanderwege zur Verfügung. Im waldumsäumten See Tranco de Beas, dem mit 1,1 Mio. m³

größten Stausee Südspaniens, wird der junge Guadalquivir gestaut – seine Quelle im Park ist ein begehrtes Wanderziel. > mehr S. 14 Punkt ⑰

Über Cortijos Nuevos werden das auf einem Felsplateau über dem Stausee liegende **Hornos** ◫ H2 und das nahezu mittelalterliche **Segura de la Sierra** ⑧ > S. 145 erreicht, die bereits in der Sierra de Segura liegen, dem wilderen und weniger erschlossenen Teil des Naturparks.

UNTERWEGS IM NORDOSTEN

CÓRDOBA ① ⭐ ◫ E2

Córdoba (325 000 Einw.), einst bewunderte Metropole des mächtigen Kalifats (10. Jh.), präsentiert sich heute als Provinzhauptstadt am Guadalquivir, der die fruchtbare Campiña durchfließt.

Zwei Tage sollte man sich für einen Besuch Zeit lassen, am besten im Frühjahr oder Herbst. Der Mai wäre ideal, denn da kommen alle Stadtfeste zusammen.

Die verwinkelten Gassen der Altstadt lassen durchaus noch etwas von der Atmosphäre des mittelalterlichen Córdoba spüren. Natürlich sind die vielen Moscheen, Bibliotheken und Koranschulen, die zahlreichen öffentlichen Bäder, Karawansereien, Werkstätten und Läden verschwunden, doch einige Gebäude wurden rekonstruiert und zu kleinen Museen ausgebaut. Strahlendste Sehenswürdigkeit der Stadt ist die großartige Hauptmoschee (Mezquita), die zu den eindrucksvollsten Kulturzeugnissen der gesamten islamischen Welt gehört.

Als im Jahr 756 der maurische Omaijadenprinz Abd ar-Rahman I. das Emirat von Córdoba begründe-

TOUREN IM NORDOSTEN

TOUR ⑪

VON JAÉN NACH ÚBEDA

Jaén > Baeza > Úbeda

TOUR ⑫

IN DIE SIERRAS DE CAZORLA, SEGURA Y LAS VILLAS

Úbeda > Cazorla > Torre del Vinagre > Hornos > Segura de la Sierra

te, begann ein unvergleichlicher Aufstieg der Hauptstadt von Al-Andalus. 1031 brach das Reich aufgrund innerer Zwistigkeiten auseinander. 1236 nahm Fernando III die Stadt ein, daraufhin wurde sie Bischofssitz.

MEZQUITA Ⓐ ⭐10 📖 b4

Córdobas markantestes Gebäude erhebt sich an der Stelle der einstigen westgotischen Kirche San Vicente. Unter dem Omaijadenherrscher Al-Mansur war sie die größte Moschee im islamischen Westen. Sie verkörpert den Typ der Hofhallenmoschee, die sich aus einer vielschiffigen Bethalle (Haram) und einem Hof (Sahn) zusammensetzt. Nach der Rückeroberung der Stadt 1236 benutzten die Christen die Moschee zunächst unverändert als Bischofskirche weiter. Im 16. Jh. wurde in die Bethalle eine Kathedrale hineingebaut, die wie ein Fremdkörper in der islamischen Architektur wirkt – was sie natürlich auch sollte.

Über den Haupteingang **Puerta de los Deanes** ⓐ betritt man den Orangenhof, den **Patio de los Naranjos** ⓑ. Ursprünglich öffneten sich die 19 Schiffe der Bethalle direkt auf den Hof. In christlicher Zeit wurden die Bögen zugemauert, um Kapellen einzubauen. Der barocke **Glockenturm** ⓒ (69 m) lässt seinen Kern, das ehemalige Minarett, von außen nicht mehr erkennen. Die **Puerta de las Palmas** ⓓ ist das Haupttor der Bethalle.

MOSCHEE ABD AR-RAHMANS I. ⓔ

Begonnen wurde der Bau unter Abd ar-Rahman I., der 756 das Emirat von Córdoba begründete. Eine der genialsten Lösungen einer Moscheehalle wurde hier verwirklicht. Den die elf Schiffe trennenden Säulen wurde ein elegantes, zweigeschossi-

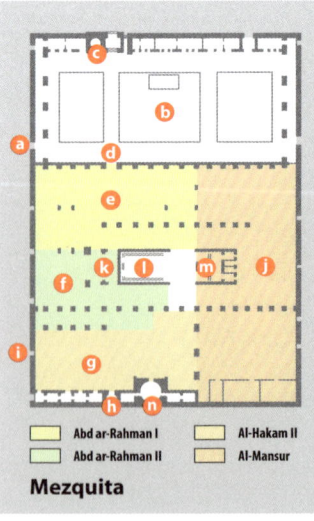

ⓐ Puerta de los Deanes
ⓑ Patio de los Naranjos
ⓒ Glockenturm
ⓓ Puerta de las Palmas
ⓔ Moschee Abd ar-Rahmans I.
ⓕ Ausbau Abd ar-Rahmans II.
ⓖ Erweiterung Al-Hakams II.
ⓗ Gebetsnische (Mihrab)
ⓘ Puerta de Palacio
ⓙ Erweiterung Al-Mansur
ⓚ Capilla Real
ⓛ Chor der Kathedrale
ⓜ Capilla Mayor
ⓝ Capilla de Santa Teresa

Abd ar-Rahman I | Al-Hakam II
Abd ar-Rahman II | Al-Mansur

Mezquita

Eine grandiose Kuppel bekrönt den Raum vor dem Mihrab

ges Bogenwerk aufgesetzt. Dadurch erhielt der Raum eine für diesen Moscheetypus ungewöhnliche Höhe.

Die Zweigeschossigkeit der Arkaden erklärt sich daraus, dass die vorhandenen römischen Säulen nicht hoch genug waren, um einer so weiten Halle die entsprechende Höhe zu verleihen. Der Architekt verlängerte die Stützen, indem er auf den Säulen rechteckige Pfeiler errichtete, auf denen die das Dach tragenden Rundbögen ruhen. Gefestigt wird dies durch frei durch den Raum gespannte Hufeisenbögen, die die Pfeiler miteinander verbinden.

ERWEITERUNGSBAUTEN

833 begann Abd ar-Rahman II., das Gebäude unter Beibehaltung des Bauprinzips nach Süden hin zu verlängern ❶. Auf die gleiche Weise erfolgte 961 die Erweiterung durch Al-Hakam II. ❷. Die Kibla (Südwand) mit der **Gebetsnische** (Mihrab) ❸ ließ er mit fein ausgearbeiteten Reliefs und farbigen Mosaiken byzantinischen Stils ausstatten. Die **Puerta de Palacio** ❹ an der westlichen Mauer verband die Moschee ursprünglich direkt mit dem Herrscherpalast. Ab 987 fügte Al-Mansur als letzten Anbau ❺ nach Osten acht Schiffe hinzu. Als für den Bau einer neuen Kathedrale, der **Capilla Real** ❻, im Jahr 1523 Teile des Betsaales abgerissen wurden, verlor die Moschee ihre Einheitlichkeit. Ein Prunkstück (**Chor** ❼, **Capilla Mayor** ❽) ist das spätbarocke Chorgestühl von Pedro Duque Cornejo. Links neben dem Mihrab befindet sich die **Capilla de Santa Teresa** ❾ mit der Schatzkammer, wo man eine Silbermonstranz von Enrique de Arfe (1517) bewundern kann.

Öffnungszeiten: März–Okt. Mo bis Sa 10–19, So 8.30–11.30, 15 bis

132 | TOUREN & SEHENSWERTES

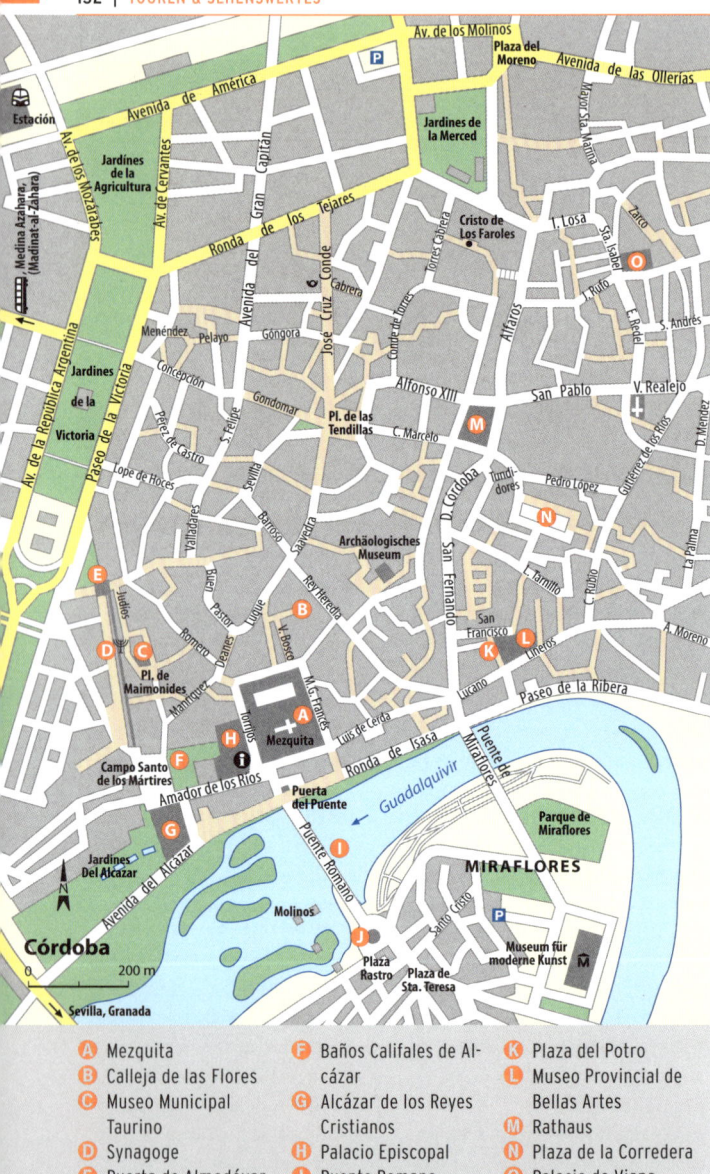

Córdoba

- Ⓐ Mezquita
- Ⓑ Calleja de las Flores
- Ⓒ Museo Municipal Taurino
- Ⓓ Synagoge
- Ⓔ Puerta de Almodóvar
- Ⓕ Baños Califales de Alcázar
- Ⓖ Alcázar de los Reyes Cristianos
- Ⓗ Palacio Episcopal
- Ⓘ Puente Romano
- Ⓙ Torre de la Calahorra
- Ⓚ Plaza del Potro
- Ⓛ Museo Provincial de Bellas Artes
- Ⓜ Rathaus
- Ⓝ Plaza de la Corredera
- Ⓞ Palacio de Viana

19, Nov.–Febr. Mo–Sa 10–18, So 8.30–11.30, 15–18 Uhr, freier Eintritt Mo–Sa 8.30–9.30 Uhr, in dieser Zeit haben Gruppen keinen Zutritt (www.catedraldecordoba.es).

Man kann der Mezquita auch einen nächtlichen Besuch abstatten: Jeweils bis zu 100 Gäste können die Licht-und-Ton-Show **El Alma de Córdoba** erleben. › mehr S. 15 Punkt ㉕ Infos unter: www.elalmadecordoba.com.

CALLEJA DE LAS FLORES Ⓑ b4

Verlässt man die Moschee durch das Tor im Nordosten des Orangenhofs, gelangt man in die Calle Velázquez Bosco und von dort in die Calleja de las Flores, das berühmte Blumengässchen mit seinem Geranienschmuck – eine für arabische Stadtentwürfe typische Sackgasse.

SHOPPING
Meryan
Bemalte Lederreliefs nach traditionellen arabischen Methoden, sog. *cordobanes* und *guadameciles*; auch großes Angebot an Taschen und Gürteln.
- Calleja de las Flores 2
  www.meryancor.com

DIE JUDERÍA ⭐

Westwärts gelangt man in das einstige Judenviertel zwischen den Straßen Romero und Manríquez. Es geht auf eine arabische Medina zurück und besteht aus dem typischen schattigen Gässchengewirr. Abgesehen von den Sehenswürdigkeiten, die darin aufzustöbern sind, macht schon das bloße Spazierengehen Spaß, weil so viele kleine Geschäfte, Tapas-Bars und Galerien in den Häusern versammelt sind.

An der Plaza Maimónides ist in einem Palast aus dem 16. Jh. das **Museo Municipal Taurino** (Stierkampfmuseum) Ⓒ a4 untergebracht (im Sommer tgl. 8.30–15, sonst Di–Fr 8.30–20.45, Sa, So 8.30 bis 16.30 Uhr). Die Calle de los Judíos weitet sich zu einem kleinen Platz, auf dem ein Bronzedenkmal **Maimonides** ehrt, Spaniens wichtigsten jüdischen Religionsphilosophen des Mittelalters. Fast zu übersehen ist wenige Meter weiter links die Eingangstür der **Synagoge** Ⓓ a4 (Hausnr. 20). Das kleine, rechteckige Gebetshaus wurde 1314 im Mudéjarstil errichtet. Auf der Südseite liegt über dem Vestibül die Frauenempore. Die Stuckdekorationen der Wände zeigen geometrische

---

💬 DIE MAURISCHE STADT

Im urbanen Mittelpunkt der Stadt, der Medina, stand die Hauptmoschee. Um die Moschee erstreckte sich das Marktviertel, der Souk. Die angrenzenden Wohnviertel breiteten sich mit ihrem Labyrinth schmaler Gassen bis an die Stadtmauern aus. Nur die zu den Stadttoren führenden Straßen waren breiter. Im Souk konzentrierten sich die verschiedenen Gewerbe in jeweils eigenen Gassen. In den Werkstätten wurde gleichzeitig produziert und verkauft. Nur die Gerber und die Töpfer arbeiteten am Stadtrand.

und vegetabile Muster. Nach der Judenvertreibung (1492) diente das Gebäude als Kirche (Sommer Di bis Sa 10–20.30, So, 10–15, Winter Di bis So 9–15 Uhr).

Die **Casa de Sefarad** (14. Jh.) liegt in derselben Straße, Ecke Averroës. Sie zeigt eine Schau arabisch-jüdischer Kunst- und Alltagsgegenstände, Schmuck und Stickereien. Allerdings ist nichts davon aus Córdoba selbst, sondern nordafrikanischer Provenienz, wohin es viele Juden unter westgotischer Herrschaft vertrieben hatte. Sie verfügt über eine Bibliothek und einen Laden und veranstaltet Konzerte (www.casadesefarad.es). Die prächtig restaurierte **Casa Andalusí** in der Calle Judíos 12 stellt arabisch-andalusisches Lebensgefühl wieder her. Hier ist ein Papiermuseum zu besichtigen (www.lacasaandalusi.com).

TEESALONS

Der **Salon de Té** in der Calle Buen Pastor bietet sich als kulinarische Ergänzung an. Man lagert auf bequemen Kissen und kann sich an arabischen Süßigkeiten und Tees delektieren (tgl. 11–23 Uhr). Weitere Adressen sind die Teehäuser **Tetería Argana** (Calle Céspedes 8) und **Tetería Caravasar** (Calle Romero 3). Beide haben auch ein arabisches Restaurant.

AN DER ALTEN STADTMAUER

Weiter die Calle Judíos entlang gelangt man zum Stadttor **Puerta de Almodóvar** E a3 mit dem Standbild des in Córdoba geborenen römischen Philosophen Seneca (4 v. Chr. bis 65 n. Chr.)

Schlendert man entlang der maurischen Stadtmauer, trifft man auf das Denkmal eines weiteren in Córdoba geborenen Gelehrten, des Arabers Averroës (1126–1198). Südlich vom Platz **Campo de los Mártires** liegen die im 17. Jh. entdeckten und erst vor wenigen Jahren restaurierten **Baños del Alcázar Califal** F b4. Weil sie unter einer dicken Schuttschicht begraben waren, sind sie blendend erhalten geblieben (Mitte Juni–Mitte Sept. Di–Sa 8.30 bis 15, So 8.30–14.30, sonst Di–Fr 8.30–20.45, Sa 8.30–16.30, So 8.30 bis 14.30 Uhr).

ALCÁZAR G ⭐ b5

Bauherr des **Alcázar de los Reyes Cristianos** war Alfonso XI (1312 bis 1350). Die Katholischen Könige steuerten von hier aus ihre Militäraktionen gegen das nasridische Granada, und hier empfing Königin Isabella 1486 Kolumbus. Heute sind im Palast römische Funde ausgestellt. Der **Patio Mudéjar** ist eine Gartenanlage maurischer Tradition, während die modernen Gärten an die Gartenkunst des Barock anknüpfen (Di–Fr 8.30–20.45, Sa bis 16.30, So 8.30–14.30, 15–20.30 Uhr).

> 💬 **KLIMAANLAGE**
>
> Sehr schön lässt sich im Palacio de Viana beobachten, wie die Cordobeser ihr Haus kühl hielten. In den Lehmboden drückte man dekorative Flusskiesel hinein, benetzte den Lehm mit Wasser, und die Verdunstungsfeuchtigkeit kühlte das Haus.

Direkt neben der Moschee steht an der Stelle des Kalifenpalastes der **Palacio Episcopal** 🅗 📕 b4 (18. Jh.) mit dem Diözesanmuseum.

Vorbei an der Triumphsäule des Erzengels Raphael, des Schutzpatrons von Córdoba, sowie einem Stadttor aus der Epoche von Philipp II. betritt man den **Puente Romano** 🅘 📕 b5, der seit römischer Zeit den Guadalquivir quert.

TORRE DE LA CALAHORRA 🅙 ⭐ 📕 c5

Der ursprünglich maurische, im 14. Jh. umgebaute Festungsturm bildet das südliche Ende der römischen Brücke. Hier zog ein interaktives **Museum zur Kultur von Al-Andalus** ein, in dem in acht Sälen und einer Multimediashow die erstaunlichen Leistungen des islamischen und jüdischen Andalusiens in Astronomie, Geografie, Medizin und in der Landwirtschaft ebenso gewürdigt werden wie die Toleranz seiner Philosophen (Mai bis Sept. tgl. 10–14, 16.30–20.30, sonst tgl. 10–18 Uhr, www.torrecalahorra.com).

PLAZA DEL POTRO 🅚 📕 c4

Östlich der Mezquita hat sich im 16. Jh. um die Plaza del Potro mit einem fohlengeschmückten Brunnen ein eigener kleiner Kosmos entwickelt. Auf dem Weg dorthin in der Calle Corregidor Luis de la Cerda 51 liegt der **Hammam**, ein luxuriöses Bad mit angeschlossener Teestube; er ist architektonisch der Mezquita nachempfunden(www.hammamspain.com/cordoba).

Der zierliche Fohlenplatz wurde in der Renaissance gestaltet. An seinem Rand liegt das **Museo Provincial de Bellas Artes** 🅛 📕 c4 – untergebracht in einem alten Hospital. Es zeigt Werke von der Gotik bis ins 20. Jh. mit Schwerpunkt auf Gemälden des 16. und 17. Jhs., u. a. von Alejo Fernández, Pablo de Céspedes, Juan de Valdés Leal (Mi–Sa 10 bis 20.30, So 10–16.30 Uhr).

Die Bilder von **Julio Romero de Torres** (1874–1930) sind im angrenzenden Gebäude, dem ehemaligen Wohnhaus des Córdobeser Malers, ausgestellt (Di–Fr 8.30–19.30, Sa, So 9.30–14.30 Uhr).

In dem gegenüberliegenden alten Haus hat Manuel Cervantes seinen Don Quichote im gleichnamigen spanischen Nationalepos logieren lassen. Heute residiert hier das **Centro Flamenco Fosforito**, ein Flamenco-Institut mit einem kleinen Museum (www.artencordoba.com).

CORREDERA

Über die Calle de San Fernando kommt man zum **Rathaus** 🅜 📕 c3, neben dem Reste eines römischen Tempels freigelegt wurden. Südöstlich davon liegt die **Plaza de la Corredera** 🅝 📕 c/d3, die man auch von der Plaza del Potro erreicht. Der von vierstöckigen Häuserfronten mit Arkaden umgebene, weite rechteckige Platz aus dem 17. Jh. war einmal das Herz der Stadt. Dies ist die einzige Plaza Mayor Andalusiens; sie erinnert an Vorbilder in Madrid oder Salamanca. In dem heißen Andalusien war es nicht üblich, auf diese Weise zu bauen, normalerweise floh

Patio de las Columnas im Palacio de Viana

man die Sonne. Früher fanden hier Stierkämpfe, Theateraufführungen und Autodafés (Ketzerverbrennungen) statt. Eine umfassende Restaurierung gab dem Platz seine strenge Renaissanceschönheit zurück. In den umliegenden Häusern sind Wohnungen untergebracht, und auf der westlichen Seite wird Córdobas **Lebensmittelmarkt** abgehalten.

RESTAURANT

Für eine Pause bestens geeignet sind die traditionsreiche, 1879 gegründete **Taberna Salinas** (Tundidores 3, Tel. 957 48 01 35), wo man auch vorzüglich speist, und die volkstümliche Bar **El Gallo** (María Christina 6, Tel. 957 47 17 80, Di geschl.).

PALACIO DE VIANA ❶ 📕 d2

Die Calle Hermanos López/E. Redel führt zum Palacio de Viana. Der 6500 m² große Palast ist ein Musterbeispiel eines über die Jahrhunderte gewachsenen herrschaftlichen Hauses. Die kostbar ausgestatteten Räume gruppieren sich um nicht weniger als zwölf Höfe (patios) und einen Garten. Ein Rundgang bietet Einblicke in die Lebensart des andalusischen Adels (Di–Sa 10–19, So 10–15, Juli, Aug. Di–So 9–15 Uhr, www.palaciodeviana.com).

INFO
Oficina de Turismo
Auskunftstellen auch an der Plaza de las Tendillas und im AVE-Gebäude.
- Plaza del Triunfo
  Tel. 902 20 17 74
  www.turismodecordoba.org

VERKEHR
Bahnhof (AVE-Renfe) und **Busbahnhof:** Glorieta de las Tres Culturas.

HOTEL
Hospes Palacio del Bailio €€€
Eines der beiden 5-Sterne-Hotels der Stadt. Ein alter Palast in verspieltem postmodernem Design.
- Ramírez de las Casas Deza 10–12
  Tel. 957 49 89 93
  www.hospes.com

Parador de Córdoba €€€
Ein moderner Parador am Fuß der Sierra, umgeben von großen Gärten, Terrassen, Pools und dezent folkoristisch möblierten Zimmern. Toll für Kinder.
- Avda. Arruzafa 37 | Tel. 957 27 59 00
  www.parador.es

Amistad Córdoba €€
Zwei ehemalige Adelspaläste in der Judería, geschmackvoll ausgestattet, sehr netter Service, gutes Restaurant.
- Plaza de Maimónides 3
  Tel. 957 42 03 35
  www.nh-hotels.com

González €–€€
Kleines Hotel in einem Palast mit schmuckem Innenhof; nahe der Moschee.
- Manríquez 3 | Tel. 957 47 98 19
  www.hotel-gonzalez.com

Hotel Maestre €–€€
Hotel, Hostal und Apartments um die Ecke der Plaza del Potro. Fast alle Zimmer gehen auf Patios hinaus.
- Romero Barros 4/6 | Tel. 957 47 24 10
  www.hotelmaestre.com

RESTAURANTS
El Choto €€€
Gutbürgerlich auf andalusische Art, mit ausgezeichneter Küche.
- Almanzor 10 | Tel. 957 76 01 15
  www.restauranteelchotocordoba.es
  So abends geschl.

Bodegas Campos €€
An der Plaza del Potro liegt dieses exquisite Restaurant mit vielen verschiedenen Sälen und einer Tapas-Bar; typische Cordobeser Rezepte, stilvoll veredelt. > **mehr S. 14 Punkt ⓭**
- Linares 32 | Tel. 957 49 75 00
  www.bodegascampos.com

Los Berengueles €€
Typisches Restaurant in einem historischen Palast. Beste einheimische Küche.
- Conde de Torres Cabrera 7
  Tel. 957 47 28 28
  So und Mo abends geschl.

Mercado Victoria
In einem Eisen-und Glaspalast aus dem 19. Jh. residiert dieser Gourmetmarkt mit Imbissständen und mehreren Terrassen in den Jardines de Victoria, am Paseo de la Victoria (15. Juni–15. Sept. So–Do 12–1, Fr, Sa bis 2, sonst So–Do 10–24, Fr, Sa bis 14 Uhr).

TAPAS-BARS
Sociedad de Plateros
Gute, preiswerte Tapas und eine starke regionale Karte. Eine Cordobeser Spezialität ist *salmorejo,* eine dickflüssige Suppe, die hier sehr gut schmeckt.
- María Auxiliadora 25 | Tel. 957 47 03 04
  www.restaurantecordoba.com

Die Bars **Moriles, Bodegas Mezquita, Casa Pepe, Casa Rubio, Fusión by Sojo** und viele weitere nehmen alljährlich an einem Tapas-Wettbewerb teil. Das spricht auf alle Fälle für einen Besuch!

SHOPPING
- Die **Asociación Cordobesa de Artesanos** im Marktgebäude Zoco Municipal (Judíos s/n) bemüht sich um traditionelles und hochwertiges Kunsthandwerk. > **mehr S. 18 Punkt ㊴**
- Elegante Shoppingmeilen befinden sich rund um die Plaza Tendillas. Dort sind auch **spanische Designer** vertreten wie Purificación García (Cruz Conde 30) und Adolfo Domínguez (Plaza Colón 3).
- **Turronarte** (Calle Medina y Corella 2) bietet neben allen Sorten von *turrón,* dem spanischen Nougat, eine Auswahl an exquisiten Produkten der Region an.
- **Los Cármenes** an der Plaza Tendillas verkauft kulinarische Finessen.
- Für Liebhaber von Märkten reizvoll ist der **Sonntagsmarkt** in **El Arenal.**

FERIA
Ende Mai feiert Córdoba seine Feria. Anders als in Sevilla braucht man hier keine Einladung, um die *casetas,* die Festzelte, am Guadalquivir zu besuchen.

AUSFLUG NACH MADINAT AL-ZAHRA 2 ⭐ 📖 E2

929 wählte der Kalif Abd ar-Rahman III. eine geschützte Stelle am Südhang der Sierra Morena für die Palaststadt, die den Glanz des neuen Kalifats von Al-Andalus repräsentieren sollte. Der Bau wurde um 936 begonnen und erstreckte sich über 40 Jahre. Den leitenden Architekten standen Künstler und Handwerker aus aller Welt zur Verfügung, und aus dem gesamten Mittelmeerraum wurden Marmorsäulen und Kapitelle herbeigeschafft. Bereits im Jahr 1010 zerstörten Berbertruppen die weitgehend autarke Palaststadt. Später dann trugen Almoraviden und Almohaden Material für ihre eigenen Bauten ab und beschleunigten so den Verfall der Anlage. Seit 1923 gilt sie als Nationaldenkmal.

Die Ruinen und Rekonstruktionen faszinieren. Die seit 1910 andauernden Ausgrabungen haben die Grundrisse einer 1500 × 750 m großen, in drei Terrassen angelegten Stadt zutage gefördert, die von einer mit Türmen befestigten Umfassungsmauer umgeben war. Auf der obersten Terrasse befand sich der Palast des Kalifen Abd ar-Rahman III., auf der mittleren Terrasse standen die Verwaltungsgebäude und Wohnungen hoher Beamter.

Der Hauptempfangssaal ist so weit rekonstruiert, dass er einen guten Eindruck vom ursprünglichen Raum vermittelt. Den Saal, dessen Wände vollständig mit Reliefplatten verkleidet sind, betritt man durch eine Vorhalle mit fünf Hufeisenbögen. Dem Saal gegenüber lag ein Garten mit einem von Wasserbecken umgebenen Pavillon.

Auf der unteren Terrasse befanden sich die Wohngebäude für die Bediensteten und die Truppenunterkünfte; hier waren Werkstätten, Märkte, öffentliche Bäder sowie eine fünfschiffige Moschee angesiedelt. Das Wasser wurde über ein 15 km langes Aquädukt aus den Bergen hierher geleitet. Ein übersichtlich aufgebautes Museum gibt zusätzliche Informationen (1. April bis 15. Juni Di–Sa 9–20, So 9–15, 16. Juni–15. Sept. Di–So 9–15, sonst Di–Sa 9–18, So 9–15 Uhr).

Von Madinat al-Zahra aus lohnt ein Abstecher zu den **Ermitas**, einer idyllisch in den Bergen gelegenen Einsiedelei (18. Jh.), von der man einen fantastischen Blick auf Córdoba hat. Der Weg ist ausgeschildert (Di–So 9–13.30, nachmittags und abends je nach Jahreszeit unterschiedlich ab 16.30/17 Uhr geöffnet).

VERKEHR

- Am Paseo de la Victoria in Córdoba fahren täglich Busse nach Madinat al-Zahra. Infos unter www.turismodecordoba.org.
- Selbstfahrer folgen der A-431 etwa 7 km nach Westen bis zur Abzweigung nach Madinat al-Zahra.

JAÉN 3 ⭐ 📖 F3

Die Stadt (114 000 Einw.) hat ihren maurischen Namen (Geen = Karawanenweg) von ihrer Lage an einer wichtigen Handelsstraße. In der Neustadt liegt an der Hauptstraße

Jaén mit seiner prächtigen Kathedrale liegt inmitten von Olivenplantagen

Paseo de la Estación das **Museo de Jaén** mit einer bedeutenden Sammlung iberischer Bildhauerkunst und einer Gemäldesammlung (Di–Sa 10–20.30, So 10–17 Uhr).

Der Paseo mündet in die Plaza de la Constitución, die zu dem älteren Stadtteil mit der **Kathedrale** überleitet. Mit dem Bau wurde 1540 begonnen. Ein architektonisches Meisterwerk ist die platereske Sakristei von Andrés Vandelvira; sehenswert sind auch das geschnitzte Chorgestühl und der Reliquienschrein mit dem Schweißtuch der hl. Veronika (Mo–Sa 8.30–13.30, 17–20, So 9 bis 13.30, 18–20 Uhr).

Am Vorplatz der Kathedrale liegen das **Rathaus** und der **Erzbischöfliche Palast.** Die Calle Maestra führt in die schmalen Gassen der Altstadt. Darüber thront die stattliche Schlossfestung **Santa Catalina** auf dem Burgberg. Man passiert den **Arco de San Lorenzo** (15. Jh.) und erreicht am Ende der Calle Águilar die Kirche **San Juan.** Nicht weit entfernt befinden sich die **Arabischen Bäder** aus der Zeit des Kalifats, die unter dem **Palacio de Villardompardo** entdeckt wurden. Im Palast wurden ein Volkskundemuseum und ein Museo de Arte Naíf eingerichtet (Di–Fr 9–20, Sa, So 9.30 bis 14.30 Uhr).

Über die Calle Uribes erreicht man das volkstümliche **Magdalena-Viertel** rund um die **Iglesia de la Magdalena** (15. Jh.). Der Charme liegt im Detail: Römische Säulen und maurische Wasserbecken zieren Häuser und Plätze.

Die Auffahrt zum **Castillo de Santa Catalina** wird mit einem herrlichen Ausblick über Stadt und Umgebung belohnt. Die Festung, einst eine der wichtigsten der Provinz Al-Andalus, wurde nach der Rückeroberung der Stadt 1246 von Christen ausgebaut.

INFO
Oficina de Turismo
- Maestra 18
  Tel. 953 19 04 55
  www.turjaen.org

HOTELS
Hotel Infanta Cristina €€€
Von außen eher unscheinbar, innen plüschig, elegant und gemütlich.
- Avenida de Madrid s/n
  Tel. 953 26 30 40
  www.hotelinfantacristina.com

Parador de Jaén €€€
Der auf dem Burgareal errichtete prächtige Parador vereint mittelalterliche Elemente und modernes Mobiliar. Er hat auch ein sehr gutes Restaurant, in dem die Spezialitäten der Region serviert werden.
- Castillo de Santa Catalina
  Tel. 953 23 00 00
  www.parador.es

RESTAURANT/TAPAS-BARS
El Pilar del Arrabalejo €–€€
Restaurant und Tapas-Bar.
- Millán de Priego 59
  Tel. 953 24 07 81

Mesón Río Chico €
Tapas in rustikalem Ambiente.
- Nueva 12 | Tel. 953 24 08 02

Mesón Club Los Monteros
Tapas-Bar im Barrio San Ildefonso.
- Salsipuedes 2
  Tel. 953 08 83 58

VERKEHR
- **Flughafen:** Federico García Lorca Granada-Jaén
- **Bahnhof:** Paseo de la Estación, Tel. 902 24 02 02
- **Busbahnhof:** Plaza Coca de la Piñera Tel. 953 25 01 06

BAEZA 4 ⭐ 📖 G2

Über 50 Renaissancegebäude hat die Stadt, und anders als in anderen Orten Andalusiens stehen die Kirchen im Schatten der Profanbauten.

Mittelpunkt des hübschen und heimeligen Baeza (16 100 Einw.) ist der Paseo de la Constitución: eher eine weit gestreckte Plaza als ein Paseo, die von Arkadengängen gesäumt wird. Darunter: jede Menge Tapas-Bars mit ihren Terrassen!

In der nahen Calle Gaspar Becerra liegt das **Rathaus,** ein prächtiger zweistöckiger Bau von 1559. Geht man vom Paseo de la Constitución nach Westen, trifft man auf die **Plaza del Pópulo,** nach den alten Löwenfiguren des Brunnens auch Plaza de los Leones genannt. Hier kommt man sich wirklich vor wie in der Toskana. Das **Stadtarchiv** (Archivo Histórico) ist im ehemaligen Schlachthaus untergebracht. An der Südseite des Platzes steht das Appellationsgericht von 1530.

Die **Kathedrale Santa María** an der gleichnamigen Plaza entstand an der Stelle einer Moschee. An der Westfassade ist noch ein kleines Mudéjarportal aus dem 13. Jh. zu sehen. Hauptportal dagegen und Innenraum sind Werke der Renaissance. Im rechten Winkel zur Kathedrale stehen die 1511 als Rathaus erbauten **Casas Consistoriales Altas**.

Den außergewöhnlichsten Bau Baezas erreicht man über die Cuesta de San Felipe: den von Juan Guas entworfenen **Palacio del Jabalquinto**. Die Palastfassade kombiniert Mudéjarelemente mit Formen der Spätgotik und der Renaissance. › mehr S. 16 Punkt ㉓ Rechts vom Palast liegt der Komplex der im 19. Jh. aufgehobenen Alten Universität. Die Kirche **Santa Cruz** (13. Jh.) gegenüber gehört zu den höchst seltenen Bauten der Romanik in Andalusien.

Wer sich an den Renaissancebauten satt gesehen hat, sollte auf dem sehr hübschen Ausflugsweg nach Úbeda spazieren. Auf 7 km führt der ruhige, schattige Panoramaweg **Paseo de las Murallas de Antonio Machado** oberhalb der Olivenlandschaft in die Nachbarstadt. Machado, einer der berühmtesten Dichter des Landes, hatte einige Jahre als Literaturprofessor in Baeza verbracht.

Alles über Olivenöl, seine Geschichte und Kultur erfährt man im **Olivenmuseum Hacienda La Laguna**, etwa 10 Min. außerhalb der Stadt Richtung Jaén, untergebracht in einem gepflegten Landgut (Puente del Obispo, tgl. 10.30–13.30, 16.30 bis 18.30, im Sommer außer Juli 17.30–20 Uhr, www.museodelaculturadelolivo.com). Angeschlossen ist ein gleichnamiges Landhotel mit Restaurant (€€).

INFO

Oficina de Turismo
- Plaza del Pópulo s/n | Tel. 953 74 04 44
  turismo.baeza.net

VERKEHR

- **Busbahnhof:** Avda. Puche Pardo, Tel. 953 74 04 68
- Ein kleiner historischer **Touristenzug** hält an den Sehenswürdigkeiten.

HOTELS

Hotel Campos de Baeza €€€
Das historische Haus liegt toll und hat mit viel Stilgespür eingerichtete Zimmer.
- Puerta de Córdoba 57
  Tel. 953 74 73 11
  www.hotelcamposdebaeza.com

Hotel Puerta de la Luna €€
In einem stilechten Mudéjarwohnpalast untergebracht, liegt verschwiegen in der ruhigen Altstadt. Mediterran und einfach schön. Mit Pool und Garten.
- Canonigo Melgares Raya 7
  Tel. 953 74 70 19
  www.hotelpuertadelaluna.com/

RESTAURANT

Hotel Restaurante Juanito €€€
Bekannt für seine Wildgerichte; hohes Niveau, gemütlich. Auch nettes Hotel.
- Avda. Arca del Agua | Tel. 953 74 00 40

TAPAS-BAR

Mesón La Gondola €€
Rustikal gepflegtes Ambiente und regionaltypische Tapas.
- Paseo de los Portales Carbonería
  Tel. 953 74 29 84

ÚBEDA ⑤ G2

Die Stadt (35 000 Einw.) ist, ähnlich wie das oft im gleichen Atemzug genannte Baeza, eine architektonische Blüte im Renaissancestil des 16. Jhs. und UNESCO-Weltkulturerbe.

Die mit Palästen **geschmückte Altstadt** beginnt am **Hospital de Santiago** (1562) **A**. Setzt man den Rundgang über die Calle del Obispo Cobos und die Calle Mesones zur Plaza de Andalucía, dem inoffiziellen und hübschen Hauptplatz der Stadt, und dann rechts zur Calle del Rastro fort, folgt im weiteren Verlauf ein Palast auf den anderen: Zuerst gelangt man zum **Palacio de la Rambla** **B**, den zwei heraldische Fassadenfiguren als Adelspalast ausweisen, an der Plaza de San Pedro erhebt sich dann der **Palast der Grafen von Guadiana** **C**.

UM DIE PLAZA DE VÁZQUEZ MOLINA

Weiter führt die Calle Real am **Palacio Vela de los Cobos** **D** vorbei zur Plaza del Ayuntamiento; von dort geht der Weg ins Zentrum der Altstadt, zur imposanten **Plaza de Vázquez Molina**. In der **Casa de Cadenas** **E** logiert das Rathaus. Die hübsche Calle Real allein sollte man nicht achtlos entlanglaufen – hier lohnt das Flanieren! Teilweise Fußgängerzone, säumen sie viele nette kleine Bars und Traditionsgeschäfte – etwa das Ubedíes: Museum und Laden in einem für Kunstwerke aus Espartogras › S. 28.

Gegenüber liegt die 1234 erbaute Kirche **Santa María de los Reales Alcázares** **F**. Der bestehende Bau stammt vom Ende des 15. Jhs. Ein kurzer Abstecher über die Calle de las Ventanas führt zur **Casa de las Torres** **G**, über die viele gruselige Legenden erzählt werden.

Zurück über die Plaza de Vázquez Molina, vorbei am **Palacio del Deán Ortega** **H**, in dem der Parador eingezogen ist, gelangt man zur Kirche **San Salvador** **I** aus dem 16. Jh. Zwei massive Ecktürme stützen ihre Fassade, deren Dekoration zu den schönsten Beispielen des plateresken Stils in Andalusien zählt (Mo–Sa 10–14, 17–19.30, So 11.30 bis 18.30 Uhr).

ZUR PLAZA DEL PRIMERO DE MAYO

Eine Gasse führt nordwärts, vorbei an der **Casa de los Salvajes** **J**, die

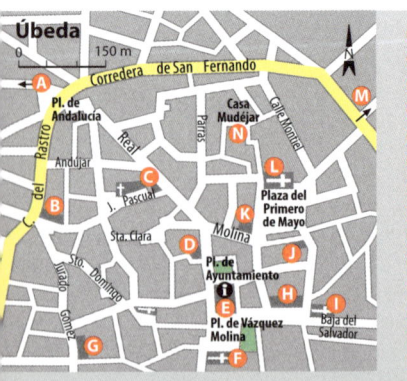

A Hospital de Santiago
B Palacio de la Rambla
C Palast der Grafen von Guadiana
D Palacio Vela de los Cobos
E Casa de Cadenas
F Santa María de los Reales Alcázares
G Casa de las Torres
H Palacio del Deán Ortega
I Kirche San Salvador
J Casa de los Salvajes
K Altes Rathaus
L Kirche San Pablo
M Museo Paco Tito
N Casa Mudéjar

nach der Darstellung zweier heraldischer Figuren »Haus der Wilden« heißt, zur Plaza del Primero de Mayo. Links am Platz steht das **Alte Rathaus** Ⓚ, an der Nordseite erhebt sich die gotische Kirche **San Pablo** Ⓛ. Hier könnte sich ein Besuch des **Museo Paco Tito** Ⓜ in der Calle Valencia 22 anschließen, das, umgeben vom **Töpferviertel**, über die Cuesta Losal und Cuesta de la Merced zu erreichen ist (Mo–Sa 8 bis 14, 16–20, So 10–14 Uhr). Paco Tito ist unter den Keramikkünstlern Úbedas eine kleine Legende.

Ein Kleinod ist die **Casa Mudéjar** Ⓝ, ein Wohnhaus aus dem 14. Jh., in dem ein kleines Museum für Archäologie eingerichtet wurde (Di bis Sa 10–20.30, So 10–17, Mitte Juni bis Mitte Sept. Di–So 9–14 Uhr).

BUCHTIPP:
Der 1956 in Úbeda geborene Antonio Muñoz Molina verarbeitet in seinem aufregenden Roman **Der polnische Reiter** die Geschichte seiner Stadt (Penguin Verlag, 2018).

INFO
Oficina de Turismo
- Plaza de Andalucía | Tel. 953 75 01 38
  www.turismodeubeda.com

VERKEHR
- **Busbahnhof:** San José s/n, zahlreiche Verbindungen nach Baeza und Jaén, weitere nach Sevilla, Córdoba, Cádiz, Málaga, Madrid.

HOTELS
Parador de Úbeda €€€
Renaissancepalast als Parador mit prächtigem Patio, stilecht möblierte Zimmer.
- Plaza de Vázquez Molina 1
  Tel. 953 75 03 45
  www.parador.es

María de Molina €€
Gediegener Komfort in einem reizvollen Palast des 16. Jhs.
- Plaza del Ayuntamiento s/n
  Tel. 953 79 53 56
  www.mariademolina.es

RESTAURANT
La Casa El Marqués €€
Neben schmackhaften Tapas schmecken im schlicht eleganten Restaurant Wild aus den Sierras und Fleischgerichte.
- Plaza Marqués de la Rambla 2
  Tel. 953 79 53 56

SHOPPING
Úbeda hat schon Preise für die Keramik aus den **Werkstätten des Meisters Tito** bekommen.
- Plaza del Ayuntamiento 12
  Tel. 953 75 13 02 | www.alfareriatito.com

Olivar y Aceite
Centro de Interpretación
Hier kann man etwas über die Geschichte des Olivenanbaus erfahren, die besten Öle verkosten und kaufen sowie Kosmetik aus Olivenöl erstehen.
- Corredera de San Fernando 32
  Tel. 953 75 58 89
  centrodeolivaryaceite.com

CAZORLA ❻ ⭐ ▮ H3

Die kleine Stadt (7000 Einw.) liegt malerisch am Fuß des Karstgebirges unterhalb gezackter Gipfel auf 826 m Höhe. Halb Bergsommerfrische, halb andalusisches weißes

Dorf hat es Sehenswürdigkeiten wie den **Castillo de la Yedra** an der **Plaza Corredera** und die **Plaza de Santa María** mit alter **Kathedrale** und **Brunnen**.

INFO
Oficina de Turismo
- Plaza de Santa María
  Tel. 953 71 01 02
  www.cazorla.es

HOTELS
Hotel Rural La Calerilla €€
Toll im Wald gelegen, mit gemütlicher, uriger Ausstattung.
- Crta. de la Sierra A-319, km 24,5
  La Iruela | Tel. 953 72 73 26
  www.turismoencazorla.com

Hotel RL Ciudad de Cazorla €
Gepflegtes, helles Haus im Zentrum mit Pool, Bar und Terrasse.
- Plaza Corredera 9 | Tel. 953 82 52 72
  www.hotelciudaddecazorla.com

AUSFLUG NACH LA IRUELA H3

Lohnend ist die Fahrt nach La Iruela (2 km nördl. von Cazorla an der Straße nach Tranco). Die auf einer Kalkfelsspitze balancierende Ruine einer Templerburg ist sehr fotogen.

HOTEL
Hotel Spa Coto del Valle €€–€€€
Ein rustikaler Komplex mit hohem Komfort, 16 km von Cazorla entfernt in einem Park gelegen. Gemütlich-elegantes Flair.
- Crta. del Tranco, km 34,3 | Cazorla
  Tel. 953 12 40 67 | www.cotodelvalle.com

P. N. SIERRAS DE CAZORLA, SEGURA Y LAS VILLAS 12 H2

Östlich von Úbeda breitet sich der mit 210 000 ha größte Naturpark Andalusiens aus. Sein Zusammenspiel von Karst, Hochebenen und Senken, Gipfeln bis zu 2000 m Höhe, Eichenwäldern, tiefen Tälern, Flüssen, Quellen und Seen ist ein unerwarteter Anblick in der sonst eher kargen Landschaft Andalusiens. › mehr S. 12 Punkt ❹

Die wildreichen Gebirgszüge, die im Winter nicht selten schneebedeckt sind, stellen eines der größten geschlossenen Waldgebiete Spaniens dar. Ebenso reizvoll sind die vielen Burgen aus dem Spätmittelalter, die oft wie Adlerhorste auf den karstigen Gipfeln thronen. Deutschsprachige Infos unter www.promolasvillas.de. › mehr S. 14 Punkt ⓱

HOTELS
Parador de Cazorla €€€
Gemütlich-elegante Luxusherberge mit wunderbarem Pool und schön ausgestatteten Zimmern, abgeschieden mitten im Wald gelegen (24 km von Cazorla).
- Sierra de Cazorla
  Tel. 953 72 70 75
  www.parador.es

Noguera de la Sierpe €€–€€€
Hübsche ehemalige Finca, auf der früher Pferde gezüchtet und Jagden veranstaltet wurden.
- Ctra. de la Sierra A-319, km 44,5
  Tel. 953 71 30 21
  www.hotelnogueracazorla.com

TORRE DEL VINAGRE 7 H2

Ein Auskunftszentrum mit angeschlossenem Museum informiert über den Naturpark Sierra de Cazorla und organisiert Ausflüge. Ein Botanischer Garten versammelt die typischen Bäume, Sträucher und (Heil-)Kräuter des Parks (Crta. del Tranco, km 48,8 Tel. 953 71 30 17, Mo–So 10–14, 16–19, im Sommer 17–20 Uhr).

2 km entfernt beginnt im **Parque Cinegético Collado del Almendral** ein gut ausgeschilderter **Rundlehrpfad** von etwa 2 Std. Dauer, der einen perfekten Überblick vermittelt.

SEGURA DE LA SIERRA 8 H2

Die typische Silhouette eines weißen Dorfes hat auch Segura de la Sierra. Aus weiten Olivenplantagen schrauben sich Gässchen in die Höhe, gekrönt von einer **Alcazaba-Burg,** hier aus dem 8. bis 9. Jh. Auch ein **Brunnen** aus der Zeit Karls V. und maurische Bäder gehören zu den Sehenswürdigkeiten.

Das Erstaunlichste dürfte allerdings die **Stierkampfarena** sein, die ausnahmsweise viereckig und nicht rund ist – ohne Mauern, dafür mit einem Zinnenturm in einer Ecke. Vermutlich ist sie die einzige auf der Welt, die so aussieht.

HOTEL/RESTAURANT

Hotel Río Madera €

Río Madera liegt im Wald, gehört als Ortsteil aber zu Segura de la Sierra. Dieses Hotelrestaurant serviert urige, regionaltypische Speisen. So stehen auf der Speisekarte Hase, Lamm, Kichererbsen, Blutwurst. Restaurant, Bar und Hotel pflegen denselben einfachen, ländlichen Einrichtungsstil.

• Río Madera | Tel. 953 04 99 10 www.riomadera.com

Die Burgruine La Iruela wurde von Templern errichtet, Mitgliedern eines mittelalterlichen Ordens

Sonntagsspaziergang in Ronda

EXTRA-TOUREN

TOUR 13

KULTURELLE HÖHEPUNKTE ANDALUSIENS IN ZWEI WOCHEN

> ROUTE: Málaga > Ronda > Nerja > Alpujarras > Granada > Jaén > Córdoba > Ecija > Carmona > Sevilla

> KARTE: Klappe hinten
> DISTANZEN: **Málaga** > **Ronda** 104 km, ca. 1 1/2 Std.; **Ronda** > **Nerja** 52 km, 30–50 Min.; **Nerja** > **Bubión** 71 km, 1 Std.; **Bubión** > **Granada** 65 km, 1 Std.; **Granada** > **Jaén** 112 km, 1 Std.; **Jaén** > **Córdoba** 116 km, 1 1/2 Std.; **Córdoba** > **Sevilla** 140 km, 2 Std. 20 Min.
> VERKEHRSMITTEL: Am besten wird diese Tour mit dem eigenen Wagen oder einem Mietauto unternommen. Für Letzteres sollte man unbedingt einen Vermieter wählen, der an Start- und Endpunkt Stationen hat. Für die Tour nach Ronda bieten lokale Veranstalter Tagestrips von Málaga aus an, sie ist aber auch gut auf eigene Faust zu machen. Wer den Bus nimmt, sollte entsprechend mehr Zeit einplanen.

Viel mehr als nur ein Zielflughafen für die Costa del Sol: Das elegante **Málaga** > S. 121, Geburtsort Pablo Picassos, bietet ein reges Kultur- und Nachtleben. Mit seinen historischen Architekturen wie Gibralfaro, Alcazaba und Kathedrale, seinen hochkarätigen Museen sowie der Fülle an hochwertigen Einkaufsmöglichkeiten eignet es sich hervorragend als Appetizer für die Andalusienrundreise. Keinesfalls verpassen sollten Sie einen ausführlichen Streifzug durch die Tapas-Bars.

Gleich hinter Málaga beginnen die Berge. Die Strecke hinauf nach Ronda über das berühmte Kletter- und Wandergebiet El Chorro ist besonders wildromantisch. **Ronda** > S. 93 liegt hinreißend in 755 m Höhe über der tiefen Schlucht des Guadalevín und gilt als Wiege des modernen Stierkampfs.

Am folgenden Tag verläuft die Strecke entlang der Costa Tropical. Das malerisch gelegene **Nerja** > S. 120 verführt mit seinem Aussichtsplatz Balcón de Europa und seinen Badebuchten zu einem Zwischenstopp. Danach geht es hinauf in die **Alpujarras** > S. 112/118. In diesem Gebirgszug südlich von Granada wandert man durch Schluchten und genießt die Stille der archaisch anmutenden Bauerndörfchen im Schatten der Sierra Nevada und der höchsten Gipfel des spanischen Festlands: Mulhacén (3481 m) und Pico de Veleta (3392 m). Nach **Granada** > S. 74 ist es nun nicht mehr weit. Für den Nachmittag steht ein Besuch der imposanten Kathedrale mit der Capilla Real auf dem Programm, gefolgt von der Erkundung der alten Koranschule und der engen Gassen der Alcaicería– der alte maurische Seiden- und Gewürzbasar von Granada ist heute eine Fundgrube für Schmuck, Intarsienarbeiten sowie Souvenirs. Der Abend ist für den Besuch eines Flamenco-Lokals auf dem Sacromonte reserviert.

Die Alhambra hätte Tage des Erkundens verdient, nehmen Sie sich mindestens einen halben Tag, um den Nasridenpalast, die Alcazaba, den Palast Karls V. sowie die Museen zu würdigen und sich dann in der maurischen Gartenanlage Generalife zu erholen. Der Nachmittag ist dem Albaicín gewidmet, dem ehemaligen Handwerkerviertel mit seinen schmalen Gassen. Und abends geht's auf Tapas-Tour: entweder entlang des Río Darro am Paseo de la Bomba oder auf der Plaza del Príncipe.

Über die Cordillera Subbética verläuft die Tour am nächsten Morgen in den Norden nach **Jaén** › S. 138. Dort wird die Renaissancekathedrale besucht, das Museo de Jaén, verschiedene Stadtpaläste und das alte, volkstümliche Magdalena-Viertel. Eine Empfehlung: ein Dinner in der Festung Santa Catalina, die über der Stadt thront.

Am nächsten Tag lässt sich hautnah erfahren, womit die Andalusier auch ihr Geld verdienen: mit Oliven. Kilometerweit stehen die Bäume hügelauf, hügelab bis nach **Córdoba** › S. 129. Schlendern Sie dort am Nachmittag durch die Judería und besuchen Sie die Schmuckgeschäfte – Córdoba ist eine Hochburg der Silberschmiedekunst. Abends isst man ein Menü aus *salmorejo* und Ochsenschwanzragout – cordobesischer essen geht nicht.

Der nächste Tag ist für einen ausführlichen Besuch der Mezquita reserviert, eine der großartigsten Moscheen der Welt, sowie für einen Ausflug nach **Madinat al-Zahra** › S. 138. Diese maurische Palastanlage ist sorgfältig restauriert worden – und es ist überaus spannend, sie in der Fantasie wieder auferstehen zu lassen.

Écija ▌D3 hat außer dem Prädikat, die heißeste Stadt Andalusiens zu sein, zahlreiche spätbarocke Adelspaläste, außergewöhnliche Glockentürme und prächtig erhaltenes römisches Bodenmosaik zu bieten. Auf dem Weg nach Sevilla, der letzten Etappe dieser Tour, lohnt sich noch ein Halt in **Carmona** ▌C/D3, das mit einem Amphitheater, einer römischen Nekropole und einer Stadtmauer punkten kann.

Unzählige Sehenswürdigkeiten warten in **Sevilla** › S. 54 darauf, entdeckt zu werden. Neben vielen kulturellen Angeboten besticht auch die gastronomische Vielfalt der Hauptstadt des Südens. Kathedrale, Reales Alcázares, der Barrio de Santa Cruz und die Casa de Pilatos verdienen ebenso Aufmerksamkeit wie Sehenswürdigkeiten entlang dem Guadalquivir, etwa der Zollturm Torre del Oro, das Hospital de la Caridad, die Stierkampfarena und der Parque de María Luisa. Abends bummelt man an der Alameda de Hércules oder besucht ein Konzert. Die besten Tapas-Bars liegen um die Plaza Alfalfa herum und im Viertel Santa Cruz.

TOUR 14

SHERRY, WEISSE DÖRFER UND STIERWEIDEN IN ZEHN TAGEN

> **ROUTE:** Sevilla › Jerez de la Frontera › Sanlúcar de Barrameda › Cádiz › Vejer de la Frontera › Tarifa › Arcos de la Frontera › Jerez de la Frontera
>
> **KARTE:** Klappe hinten
> **DISTANZEN: Sevilla › Jerez de la Frontera** 91 km, 1 Std; Ausflug nach Sanlúcar de Barrameda 25 km, 30 Min.; **Jerez de la Frontera › Cádiz** 51 km, 55 Min.; **Cádiz › Vejer de la Frontera** 50 km, 50 Min.; Abstecher nach Medina Sidonia (28 km) und Alcalá de los Gazules (25 km); **Vejer de la Frontera › Tarifa** 50 km, 45 Min.; **Tarifa › Arcos de la Frontera** 120 km, knapp 2 Std.; **Arcos de la Frontera › Jerez de la Frontera** 32 km, 40 Min.
> **VERKEHRSMITTEL:** Diese Tour ist mit dem eigenen (Miet-)Auto am schönsten. Wer mit dem Mietwagen unterwegs ist, braucht einen Anbieter, der in Sevilla und in Jerez Stationen unterhält.

In der Hauptstadt **Sevilla** › S. 54 stehen zunächst die wichtigsten Sehenswürdigkeiten auf dem Programm: Reales Alcázares, Kathedrale, Flanieren durch den Barrio de Santa Cruz und anschließend eine Verschnaufspause im Parque de María Luisa. Am zweiten Tag empfiehlt sich ein Innenstadtbummel, mit Besuchen des Flamenco-Museums und des Museo de Bellas Artes, der zweitgrößten Pinakothek Spaniens. Wer sich an einem Sommerwochenende in Sevilla aufhält, besucht eventuell eine Corrida in der prachtvollen Stierkampfarena.

An Sonnenblumenfeldern entlang geht es nach **Jerez de la Frontera** › S. 103. Jerez prunkt mit seinen weltberühmten Bodegas, deren Besuch zu den Höhepunkten dieser Tour zählt. Sie bieten Führungen auch in Deutsch mit anschließender Degustation an. Nicht nur für Pferdeliebhaber interessant dürfte die Königliche Reitkunstschule mit Dressurvorführungen sein › S. 106. Die architektonischen Sehenswürdigkeiten der Stadt liegen recht nah beieinander. Jerez ist zudem eine Hochburg des Flamenco.

Der nächste Tag ist für einen Besuch von **Sanlúcar de Barrameda** › S. 108 reserviert. Also früh aufstehen! Von dort geht es ab dem Besucherzentrum »Fábrica de Hielo« per Schiff in den **Nationalpark Coto de Doñana** › S. 71 (Tel. 956 36 38 13, www.visitasdonana.com). Hier liegen die Schwemmgebiete des Guadalquivir mit Dünenlandschaften und reicher

Vogelwelt. Sanlúcar ist für seinen *manzanilla* bekannt, eine Variante des Sherry, den man in einer Bar im Viertel Bajo de Guía verkosten kann.

Cádiz › S. 101, das als nächstes angesteuert wird, überrascht mit einer fantasievollen Silhouette. Wegen der barocken Kathedrale fast am Meerufer gilt die vermutlich älteste iberische Stadtgründung als »Havanna Spaniens«. In der gleichermaßen attraktiven wie altmodischen Altstadt mit hübschen Plätzen und Tapas-Bars liegt das sehenswerte Museo de Cádiz. Wenn Zeit bleibt, können Sie am Atlantikstrand baden.

Die weißen Dörfer – *pueblos blancos* – in der Sierra mit Korkeichenwäldern, malerischen Steilabbrüchen und Stauseen haben sich zu einem Symbol Andalusiens entwickelt. **Vejer de la Frontera** › S. 97 ist eines davon. Abstecher führen nach **Medina Sidonia** › S. 91 und **Alcalá de los Gazules** 📖 C5. Alle diese Ortschaften haben einen maurischen Kern, und die strahlend weiße Farbe der Hausmauern verleiht ihnen einen besonderen Reiz.

Starker Kontrast am folgenden Tag: Über **Tarifa** › S. 97 braust der Atlantikwind, und genau das ist der Grund, warum es bei Windsurfern so hoch im Kurs steht. Auf dem Weg dorthin kommt man an ausgedehnten Weiden vorbei, die den Kampfstieren vorbehalten sind. In Tarifa können Sie den halben Tag am Strand ausruhen und schwimmen, am Nachmittag durch die maurisch anmutende Altstadt schlendern und den Abend in einem Café oder in einer Bar ausklingen lassen.

Vom **Mirador del Estrecho,** einem Aussichtspunkt über der Meerenge zwischen Spanien und Marokko (Estrecho de Gibraltar), geht es dann wieder hinauf ins Landesinnere in eines der malerischsten weißen Dörfer: **Arcos de la Frontera** › S. 96 mit der Basílica Santa María und einer schönen Altstadt. Die Reise klingt in Jerez de la Frontera aus.

Ein Dorado für Windsurfer ist die Atlantikküste bei Tarifa

EINE WOCHE ABSEITS DER BEKANNTEN PFADE

> **ROUTE:** Almería > Cabo de Gata > Guadix > Úbeda > Baeza > Parque Natural Sierras de Cazorla, Segura y Las Villas > Granada

> **KARTE:** Klappe hinten
> **DISTANZEN:** Almería > **Nationalpark Cabo de Gata** 45 km, 1 Std.; Ausflug nach Rodalquilar 20 km, 25 Min.; **Almería** > **Guadix** 107 km, 1 1/2 Std.; **Guadix** > **Úbeda** 110 km, 1 1/2 Std.; **Úbeda** > **Baeza** 10 km, 10 Min.; **Úbeda** > **Cazorla** 44 km, 50 Min.; **Cazorla** > **Granada** 147 km, 2 1/2 Std.
> **VERKEHRSMITTEL:** Der (Miet-)Wagen ist die beste Reiseform. Öffentliche Verkehrsmittel verkehren teilweise nur mit zwei Abfahrten täglich.

Almería > S. 114 hat bis auf die spektakulär gelegene Alcazaba nicht die aufsehenerregendsten Sehenswürdigkeiten der Region zu bieten, aber angenehme Plätze und einige Beispiele barocker und Renaissancearchitektur. In der Hafenstadt kann man außerdem schön bummeln und einkaufen. Am nächsten Tag dürfen sich Wüstenliebhaber und Fans von Schluchten, Salinen und Dünen auf einen Besuch des **Naturparks Cabo de Gata** > S. 116 freuen. Es gibt urige kleine Orte, die Möglichkeit, auf naturkundlichen Wegen zu wandern, oder die aufgelassenen Goldminen von **Rodalquilar** > S. 117 zu besuchen. Die Strände am »Achat-Kap« sind lang, sandig und herrlich leer. Die Fahrt nach **Guadix** G4 entführt in die Gebirgswüste der Sierra de los Filabres. In Guadix gab es schon in der Römerzeit Höhlenwohnungen, die jahrhundertelang politisch Verfolgten und *gitanos* als Unterschlupf dienten; ein Wohnhaus wurde als Museum eingerichtet. **Úbeda** > S. 141 und **Baeza** > S. 140 genießen UNESCO-Weltkulturerbe-Ruhm, doch überlaufen ist es hier überhaupt nicht. Unbedingt probieren: Wildgerichte und das heimische Olivenöl. An den beiden folgenden Tagen tauchen Sie ein in Natur pur. Der **Parque Natural Sierras de Cazorla, Segura y Las Villas** > S. 144 ist das größte Naturschutzgebiet Andalusiens und die größte zusammenhängende Waldfläche Spaniens. Seine Gipfel erreichen 2000 m. Was läge also näher, als hier zu wandern, die Quelle des Guadalquivir zu besuchen, zu reiten und richtig auszuspannen? > mehr S. 14 Punkt ⓱ Im Park selbst stehen malerische Übernachtungsmöglichkeiten und Campingplätze zur Verfügung. Über die Cordillera Subbética geht es dann wieder zurück – die strahlende Alhambra-Stadt **Granada** > S. 74 ist Endpunkt der Reise.

INFOS VON A–Z

ÄRZTLICHE VERSORGUNG

Mit der EU-Versicherungskarte EHIC haben gesetzlich Versicherte Zugang zum spanischen Gesundheitssystem der *Seguridad Social*. Sie garantiert die kostenfreie Behandlung in den öffentlichen Krankenhäusern und Gesundheitszentren *(Centros de Salud)*.

Für freie Arztwahl und Rücktransport im medizinischen Notfall ist der Abschluss einer privaten Auslandskrankenversicherung empfehlenswert.

Es gibt überall gut sortierte Apotheken *(farmacias)*. Medikamente sind wesentlich billiger als in Deutschland.

BARRIEREFREIES REISEN

Die Bundesarbeitsgemeinschaft der Klubs Behinderter und ihrer Freunde e.V., Eupener Str. 5, D-55131 Mainz, Tel. 06131/22 55 14, sammelt und erteilt Reiseinformationen für Behinderte. Auf www.spain.info gibt es dazu die gesonderte Informationsseite »Barrierefreier Tourismus«.

DIPLOMATISCHE VERTRETUNGEN

Deutschland
- **Deutsche Botschaft in Madrid**
  Calle Fortuny 8, Tel. 915 57 90 00
  www.madrid.diplo.de
- **Konsulat in Málaga**
  Mauricio Moro Pareto 2–5
  (Edificio Eurocom)
  Tel. 952 36 35 91
  www.malaga.diplo.de
- **Honorarkonsulat in Aguadulce**
  (Almería)
  Avda. Carlos III 401
  (Centro Comercial Neptuno)
  Tel. 950 34 05 55
  **Honorarkonsulat in Jerez
  de la Frontera**
  Avda. de Méjico 10, Portal 1–2 D
  Tel. 956 18 74 63

Österreich
- **Botschaft in Madrid**
  Paseo de la Castellana 91
  Tel. 915 56 53 15
  www.aussenministerium.at/madrid
- **Honorarkonsulat in Málaga**
  Alameda de Colón 26, 2°, Esc. izq.
  Tel. 646 06 09 72
- **Honorarkonsulat in Sevilla**
  Av. de Cádiz, Tel. 955 51 77 17

Schweiz
- **Botschaft in Madrid**
  Núñez de Balboa 35, 7°
  (Edificio Goya)
  Tel. 914 36 39 60
  www.eda.admin.ch

EINREISE

Deutsche, Österreicher und Schweizer benötigen nur den gültigen Personalausweis oder Reisepass. Kinder brauchen ein eigenes Reisedokument.

ELEKTRIZITÄT

Die Netzspannung beträgt 230 Volt Wechselstrom. Elektrogeräte aus der Schweiz mit dreifach Schutzkontaktsteckern (Stecker-Typ J) benötigen einen Adapter.

FEIERTAGE

- 1. Januar (Neujahr)
- 6. Januar (Hl. Drei Könige)
- 28. Februar (Andalusientag)
- 19. März (San José)
- Gründonnerstag
- Karfreitag
- 1. Mai (Tag der Arbeit)
- 25. Juli (Santiago)
- 15. August (Mariä Himmelfahrt)
- 12. Oktober (Entdeckung Amerikas)
- 1. November (Allerheiligen)
- 6. Dezember (Tag der Verfassung)
- 8. Dezember (Mariä Empfängnis)
- 25. Dezember (Weihnachten)

Dazu kommen in den einzelnen Regionen noch lokale Feiertage.

GELD UND WÄHRUNG
Mit Bankkarten mit Maestro-Funktion (dem plus- und Cirrhus-Zeichen) und Kreditkarten kann man an vielen Geldautomaten *(cajeros automáticos)* Geld ziehen. Kreditkarten sind in ganz Spanien weit verbreitet.

HAUSTIERE
Hunde und Katzen müssen mit einem Mikrochip markiert sein und benötigen den EU-Heimtierpass, den jede Tierarztpraxis ausstellt. In diesem wird auch die gültige Tollwutimpfung bestätigt. Haustiere werden in öffentlichen Verkehrsmitteln nicht mitgenommen (Begleithunde ausgenommen). Während der Badesaison dürfen Tiere nicht an den Strand. Wenige Hotels und Restaurants akzeptieren die Mitnahme von Haustieren.

INFORMATION
Auskünfte erteilen die spanischen Fremdenverkehrsämter:
Deutschland:
- Lietzenburgerstr. 99, 10707 Berlin, Tel. 030/882 65 43
- Reuterweg 51–53, 60323 Frankfurt/M., Tel. 069/72 50 33
- Postfach 151940, 80336 München (kein Publikumsverkehr), Tel. 089/53 07 46 11

Österreich:
- Walfischgasse 8, 1010 Wien, Tel. 01-512 95 80-11

Schweiz:
- Seefeldstr. 19, 8008 Zürich, Tel. 044/2 53 60 50

Im Internet:
- www.spain.info
  www.andalucia.org

In vielen andalusischen Städte befinden sich **Touristeninformationsbüros** *(Oficinas de turismo)*. Sie sind mit Prospektmaterial, Stadtplänen und Fahrplänen ausgestattet, informieren über Campingplätze und Hotels, Touren sowie Besichtigungszeiten. Die jeweiligen Adressen finden Sie im Reiseteil.

KLEIDUNG
Auch im Sommer sollte man am Atlantik oder in den Sierras einen leichten Pullover für den Abend dabeihaben. Kopfbedeckung und Sonnencreme sind unabdingbar. Im Frühling kann es nachts noch recht kühl sein, und nicht alle Hotels haben eine Heizung. In den Städten kleidet man sich eine Spur formeller und eleganter als bei uns, besonders zum abendlichen Ausgehen.

NOTRUF
- **Allgemeiner Notruf:** 112
- **Polizei** (lokal): 062
- **Rettungswagen:** 061
- **Feuerwehr:** 081

ÖFFENTLICHE VERKEHRSMITTEL
Häufige Abfahrten sowie zuverlässige Fahrpläne machen das Reisen auf eigene Faust problemlos. Für Stadtbesichtigungen gilt, dass die meisten Besichtigungsziele mit Bussen erreicht werden können. In den Städtebeschreibungen im Reiseteil sind die wichtigsten Haltestellen genannt. Wer länger in einer Stadt bleibt, erkundigt sich am besten nach Sondertarifen.

ÖFFNUNGSZEITEN
- **Banken:** Mo-Fr 9-14 Uhr. (Wechselstuben oft länger). Einige Banken haben Okt.–Mai Sa 8.30–13 Uhr geöffnet.
- **Geschäfte:** Meist von 10–14 und 16.30 bis 19 oder 20 Uhr geöffnet; samstags meist nur bis 13 Uhr.
- **Kaufhäuser/Einkaufszentren:** Mo–Sa meist durchgehend ab 10 Uhr bis abends geöffnet.

- **Museen** sind in der Regel Mo ganztags, So am Nachmittag und werktags oft 13–16 Uhr geschlossen. Die meisten Museen sind am 25. Dez. und 1. Jan. geschlossen. Abweichungen entnehmen Sie bitte dem Reiseteil.
- **Post:** Mo–Fr 9–13 und 16–18 Uhr Generell verschieben sich in Spanien die Öffnungszeiten in der Haupt- und Nebensaison bzw. in den Sommer- und Wintermonaten.

SICHERHEIT

In den größeren Städten sind Taschendiebstähle nicht selten.

Vor Autoaufbrüchen schützt man sich am besten, indem man den Wagen auf bewachten Parkplätzen abstellt. Ansonsten gilt: Alles Gepäck aus dem Auto mitnehmen und am besten das (leere) Handschuhfach offen lassen.

SOUVENIRS

Traditionelles Kunstgewerbe guter Qualität findet man reichlich in Andalusien: Granadiner Keramik in Blaugrüntönen oder rustikales Steingutgeschirr aus Níjar, Schmuck aus dünn gezogenem und geformtem Silberdraht, Fächer, Messingwaren, bestickte Seidentücher *(mantones de Manila)*, Spitzentücher *(mantillas)* und Aufsteckkämme *(peinetas)* und ausgefallene Lederwaren. Nach Hause mitzubringen lohnen sich auch eingelegte Oliven, Sherry, luftgetrockneter Schinken und die Konfiserien aus den Klöstern > S. 51.

TAXI

Wer ein Taxi braucht, hält es einfach auf der Straße an. Es gibt einen Nacht- und einen Feiertagstarif sowie einen Flughafenzuschlag. Taxifahren ist in Andalusien generell etwas preiswerter als in Deutschland.

TELEFON

Für öffentliche Telefone benötigt man eine Telefonkarte *(tarjeta telefónica)*, die man auch in den spanischen Tabakläden *(estanco)* kaufen kann.

Handelsübliche GSM-Mobiltelefone funktionieren in Spanien problemlos.

Internationale Vorwahlen:
- Spanien: 0034
- Gibraltar: 00350
- Deutschland: 0049
- Österreich: 0043
- Schweiz: 0041

TRINKGELD

Kellner erhalten bis zu 10 % des Rechnungsbetrages, für Gepäckträger sollte man in der Regel 1 € pro Gepäckstück bereithalten. Auch Zimmerservice und Fremdenführer freuen sich über Trinkgeld. Unter Spaniern ist die *propina* an der Bartheke *(barra)* nicht üblich.

ZOLLBESTIMMUNGEN

Für Reisende aus EU-Ländern gibt es bei der Ein- und Ausfuhr von Waren, die für den Privatgebrauch bestimmt sind, keine Beschränkungen mehr.

Reisende aus der Schweiz können aus Spanien u. a. zollfrei einführen: 2 l Wein; 1 l Spirituosen mit mehr oder 2 l mit weniger als 15 Vol.-%; 200 Zigaretten oder 50 Zigarren; 50 g Parfüm sowie Souvenirs bis zum Gesamtwert von 300 CHF (pro Person).

💬 URLAUBSKASSE

• Tasse Milchkaffee *(café con leche)*	1,50–2,50 €
• Softdrink	ab 1,50 €
• Kleines Bier *(caña, 0,1 l)*	ab 1–1,50 €
• Tapa	ab 2 €
• Portion Eis	ab 1,50 €
• Taxifahrt (pro km)	ab 1,50 €
• Mietwagen pro Tag	ab 30 €
• 1 l Superbenzin	1,40 €

REGISTER

Abd ar-Rahman I. **38**, 129, 130
Abd ar-Rahman II. 131
Abd ar-Rahman III. **38**, 114, 138
Alfonso VI. 38
Alfonso XI. 134
Al-Hakam II. 131
Al-Mansur 130
Almería 114
Almohaden **38**, 43, 58, 105, 138
Almoraviden **38**, 138
Alpujarras 112, **118**
Angeln 31
Arcos de la Frontera 96

Baeza 140
Bajo de Guía 108
Bellido, Jesús 30
Blanco, Pedro und Jesús 28
Boabdil 38
Bolonia 99
Brenan, Gerald 114
Bubión 119

Cabo de Gata 116
Cabo de Trafalgar 93
Cádiz 101
Cano, Alonso 44, **83**
Canyoning 31
Capileira 119
Carmona 148
Cazorla 143
Conil de la Frontera 99
Córdoba 129
- Alcázar 134
- Baños del Alcázar Califal 134
- Calleja de las Flores 133
- Judería 133
- Mezquita 42, **130**
- Moschee Abd ar-Rahmans I. 130
- Museo Municipal Taurino 133
- Museo Provincial de Bellas Artes 135
- Palacio de Viana 136
- Palacio Episcopal 135
- Plaza de la Corredera 135
- Plaza del Potro 135
- Puente Romano 135
- Puerta de Almodóvar 134
- Rathaus 135
- Synagoge 133
- Torre de la Calahorra 135

Costa de la Luz 91
Coto de Doñana 41, **71**
Cueva de Nerja 120

Écija 148
Espartogras **28**, 116, 127

Falla, Manuel de 44, **46**, 82, 102
Ferdinand von Aragón **38**, 60, 83
Fernando III 130
Figueroa, Leonardo 44
Flamenco 30, 42, **46**, 47, 66, 70, 71, 85, 103
Franco 39
Frigiliana 120

García Lorca, Federico **44**, 46, 87
Gibraltar 98
Gitanos 42
Gitarrenbau 30
Golf 26
Góngora, Luis de 45

Granada 22, 30, **74**
- Alcaicería 83
- Alhambra 43, **76**
- Bañuelos Árabes 86
- Campo del Príncipe 82
- Capilla Real 83
- Casa del Castril 86
- Casa de los Tiros 82
- Corral del Carbón 82
- Dar al-Horra 85
- Generalife 81
- Hospital San Juan de Dios 83
- Jardines del Triunfo 84
- Kartäuserkloster 87
- Kathedrale 83
- Mirador San Cristóbal 85
- Monasterio San Jerónimo 83
- Moschee 85
- Museo Manuel de Falla 82
- Nasridenpalast 77
- Palacio de la Audiencia 82
- Palast Karls V. 77
- Parque de las Ciencias 87
- Plaza Bib-Rambla 83
- Plaza Larga 85
- Plaza Nueva 82
- Puerta Elvira 84
- Puerta Nueva 85
- Sacromonte 85
- San José 85
- San Nicolás 85
- San Pedro 86
- Santa Ana 82
- Santa Isabel la Real 85
Grazalema 96

Iruela **144**
Irving, Washington 81

Isabella von Kastilien **38,** 60, 83, 134
Isla de las Palomas 97
Itálica 65, 67, **71**

Jaén 138
Jerez de la Frontera 103
Jiménez, Juan Ramón 45
Juan Carlos I. 39
Jusuf I. **77,** 80

Karl V. **39,** 60, 77, 81
Kolumbus, Christoph **38,** 57, 63, 134

Lanjarón 118
López de Rojas 44
Lorca, Federico García **44,** 46, 87
Los Caños de Meca 93

Madinat al-Zahra 138
Málaga 121
• Alcazaba 122
• Automobil- und Modemuseum 123
• Centre Pompidou 122
• Fundación Picasso 122
• Gibralfaro 121
• Kathedrale 122
• Museo Carmen Thyssen 122
• Museo de Málaga 122
• Museo Picasso 122
• Museo Ruso 123
• Römisches Theater 122
Mañara, Don Miguel de 63
Medina Sidonia 91
Mena, Pedro de 122
Mohammed I. 75
Mohammed V. 77
Molina, Tirso de **45,** 63
Murillo, Bartolomé Estéban **44,** 57, 63, 64, 68

Nasriden 38, 43, **77**
Nerja 120
Níjar 111

Oasys Parque Temático 116
Olvera 90
Omaijaden **38,** 42

Pampaneira 118
Parque Natural Sierras de Cazorla, Segura y Las Villas 144
Picasso, Pablo 122
Primo de Rivera, Miguel 39
Punta Marroquí 97

Reiten 26, **107**
Rodalquilar 117
Romero de Torres, Julio 135
Ronda 93

Salobreña 118
San José 117
Sanlúcar de Barrameda 108
Segovia, Andrés 46
Segura de la Sierra 145
Setenil de las Bodegas 90
Sevilla 22, **54**
• Alameda de Hércules 68
• Barrio de Santa Cruz 60
• Calle Sierpes 66
• Casa de Pilatos 65
• El Salvador 66
• Flamenco-Museum 66
• Gärten des Alcázar 60
• Giralda 43, **56**
• Hospital de la Caridad 43, **63**
• Hospital de los Venerables Sacerdotes 61
• Kathedrale Santa María 56
• Lonja 57
• Metropol Parasol 67
• Museo de Bellas Artes 68
• Palacio de Pedro I 58
• Palacio Lebrija 67
• Palast Karls V. 60
• Parque de María Luisa 64
• Paseo de las Delicias 64
• Plaza Alfalfa 65
• Plaza de Doña Elvira 60
• Rathaus 67
• Reales Alcázares 58
• Santa Ana 62
• Stierkampfarena 62
• Torre del Oro 63
• Triana 62
Sierras de Cazorla, Segura y Las Villas 126, 128, **144**
Sorbas 116
Sprachkurse 31
Stierkampf **48,** 94, 133, 145

Tabernas 116
Tarifa 97
Tarik ibn Ziyad 38
Torre del Vinagre 145
Trevélez 119

Úbeda 28, **141**

Valdés Leal, Juan de **44,** 61, 63
Vejer de la Frontera 97
Velázquez, Diego **45,** 61, 104

Wandern 27, 118
Wassersport 26

Zahara de la Sierra 90
Zahara de los Atunes 92
Zapatero, José Luis Rodríguez 39
Zurbarán, Francisco de **45,** 57, 63, 68, 102

BILDNACHWEIS

Coverfoto © Wallfahrtskirche von »El Rocío«, Provinz Huelva, Andalusien © laif/Jaeger, Malte
Fotos Umschlagrückseite © Shutterstock/Fesus, Robert (links); laif/Gonzalez, Miquel (Mitte); Shutterstock/Marques (rechts)

Alamy/Andalucia Plus Image Bank: 50; Alamy/Contreras, Rodolfo: 46; Alamy/Horree, Peter: 136; Asal, Susanne: 8 o., 28; AWL Images/Egan, Shaun: 125, 146; dpa Picture-Alliance/Benitez, Andrés: 29; dpa Picture-Alliance/Vollmer, Manfred: 48; Getty Images/Janisch, Thomas: 86; Getty Images/Bibikow, Walter: 18; Getty Images/Jones, Huw: 30; Getty Images/Turpin, Philippe: 107; Huber Images/Eiben, Hans-Georg: 15; Huber Images/Schmid, Reinhard: 33; Jahreszeiten Verlag/Gumm, Monica: 54; laif/Gonzalez, Miquel: 34/35; laif/Loop Images/Staszczuk, Slawek: 109; LOOK-foto/Selbach, Arthur F.: 106; mauritius images/Alamy/Lucas, Jose: 39; mauritius images/Alamy/VWPics: 67; mauritius images/lb/White Star/Gumm, Monica: 61; mauritius images/Minden Pictures//NiS/Littlejohn, Simon: 12; picture alliance/Bildagentur-online: 68; Plainpicture/Adams, Peter: 72; Plainpicture/Fell, Frank: 122; Plainpicture/Puppetti, Reto: 74; seasons.agency/Jalag/Di Lorenzo, Andrea: 20/21, 23, 95; Shutterstock/Algefoto: 13; Shutterstock/amorfati.art: 84; Shutterstock/Aragon, Zai: 8 u.; Shutterstock/Dmitry, Kutlayev: 80; Shutterstock/Fesus, Robert: 117; Shutterstock/Fotomicar: 115; Shutterstock/Kania, Marek: 10; Shutterstock/Kiwisoul: 150; Shutterstock/kossarev56: 43; Shutterstock/Kushch, Dmitry: 104; Shutterstock/Marques: 6/7, 52/53; Shutterstock/MGPhotography: 19; Shutterstock/Migel: 14, 89; Shutterstock/Ruiz, A.: 145; Shutterstock/SHUKASAMI: 64; Shutterstock/Soto, Jose Ignacio: 9, 139; Shutterstock/Staerk, Rolf E.: 98; Shutterstock/topseller: 27; Shutterstock/Venema, Marc: 127; Shutterstock/Wang, Patrick: 131; stock.adobe.com/Bartussek, Ingo: 16; stock.adobe.com/larisa: 73.

Liebe Leserin, lieber Leser,
wir freuen uns, dass Sie sich für diesen POLYGLOTT on tour entschieden haben.
Unsere Autorinnen und Autoren sind für Sie unterwegs und recherchieren sehr gründlich,
damit Sie mit aktuellen und zuverlässigen Informationen auf Reisen gehen können.
Dennoch lassen sich Fehler nie ganz ausschließen. Wir bitten Sie um Verständnis, dass der
Verlag dafür keine Haftung übernehmen kann.

Ihre Meinung ist uns wichtig. Bitte schreiben Sie uns:
GRÄFE UND UNZER VERLAG
Postfach 86 03 66, 81630 München, Tel. 0 89 / 419 819 41
www.polyglott.de

LESERSERVICE
polyglott@graefe-und-unzer.de
Tel. 0 800 / 72 37 33 33 (gebührenfrei in D, A, CH), Mo–Do 9–17 Uhr, Fr 9–16 Uhr

1. Auflage 2019

© 2019 GRÄFE UND UNZER VERLAG GmbH, München
Dieses Buch wurde auf chlorfrei gebleichtem Papier gedruckt.
ISBN 978-3-8464-0447-8

Alle Rechte vorbehalten. Nachdruck, auch auszugsweise, sowie die Verbreitung durch Film, Funk, Fernsehen und Internet, durch fotomechanische Wiedergabe, Tonträger und Datenverarbeitungssysteme jeglicher Art nur mit schriftlicher Genehmigung des Verlages.

Bei Interesse an maßgeschneiderten B2B-Editionen:
gabriella.hoffmann@graefe-und-unzer.de

Bei Interesse an Anzeigen:
KV Kommunalverlag GmbH & Co. KG
Tel. 089/928 09 60
info@kommunal-verlag.de

Verlagsleitung: Grit Müller
Verlagsredaktion: Anne-Katrin Scheiter
Autorin: Susanne Asal
Redaktion: Karen Dengler, Werkstatt München
Bildredaktion: Marie Danner
Mini-Dolmetscher: Langenscheidt
Umschlaggestaltung & Layout:
Independent Medien Design, München
Horst Moser (Artdirection), Lucie Heselich
Karten und Pläne: Theiss Heidolph
und Kunth Verlag GmbH & Co. KG
Satz: uteweber-grafikdesign
Herstellung: Anna Bäumner, Gloria Schlayer
Druck und Bindung:
Printer Trento, Italien

PEFC/18-31-506

Ein Unternehmen der
GANSKE VERLAGSGRUPPE

MINI-DOLMETSCHER SPANISCH

ALLGEMEINES

Guten Tag.	Buenos días. [bue**nos dias**]
Hallo!	¡Hola! [**ola**]
Wie geht's?	¿Qué tal? [ke tal]
Danke, gut.	Bien, gracias. [bjen **gra**θjas]
Ich heiße ...	Me llamo ... [me **lja**mo]
Auf Wiedersehen.	Adiós. [a**djos**]
Morgen	mañana [man**ja**na]
Nachmittag	tarde [**tar**de]
Abend	tarde [**tar**de]
Nacht	noche [**no**tsche]
morgen	mañana [man**ja**na]
heute	hoy [oi]
gestern	ayer [a**jer**]
Sprechen Sie Deutsch / Englisch?	¿Habla usted alemán / inglés? [**ab**la us**ted** ale**man** / in**gles**]
Wie bitte?	¿Cómo? [**ko**mo]
Ich verstehe nicht.	No he entendido. [no e enten**di**do]
Wiederholen Sie bitte.	Por favor, repítalo. [por fa**wor** re**pi**talo]
..., bitte.	..., por favor. [por fa**wor**]
danke	gracias [**gra**θjas]
Keine Ursache.	De nada. [de **na**da]
was / wer / welcher	qué / quién / cuál [ke / kjen / kual]
wo / wohin	dónde / adónde [**don**de / a**don**de]
wie / wie viel / wann / wie lange	cómo / cuánto / cuándo / cuánto tiempo [**ko**mo / **kuan**to / **kuan**do / **kuan**to **tjem**po]
Warum?	¿por qué? [por ke]
Wie heißt das?	¿Cómo se llama esto? [**ko**mo θe **lja**ma **es**to]
Wo ist ...?	¿Dónde está ...? [**don**de es**ta** ...]
Können Sie mir helfen?	¿Podría usted ayudarme? [po**dria** us**ted** aju**dar**me]
ja	sí [βi]
nein	no [no]
Entschuldigen Sie.	Perdón. [per**don**]
Das macht nichts.	No pasa nada. [no **pa**βa **na**da]

SHOPPING

Wo gibt es ...?	¿Dónde hay ...? [**don**de ai]
Wie viel kostet das?	¿Cuánto cuesta? [**kuan**to **kues**ta]
Ich nehme es.	Me lo llevo. [me lo **lje**vo]
Wo ist eine Bank?	¿Dónde hay un banco? [**don**de ai um **ban**ko]
Ich suche einen Geldautomaten.	Busco un cajero automático. [**bus**ko un ka**che**ro auto**ma**tiko]
Geben Sie mir bitte 100 g Käse.	Por favor, déme cien gramos de queso. [por fa**wor de**me θjen **gra**mos de **ke**βo]
Haben Sie deutsche Zeitungen?	¿Tienen periódicos alemanes? [**tje**nen per**jo**dikos ale**ma**nes]
Wo kann ich telefonieren / eine Telefonkarte kaufen?	¿Dónde puedo llamar por teléfono / comprar una tarjeta telefónica? [**don**de **pue**do lja**mar** por te**le**fono / kom**prar u**na tar**che**ta telefo**ni**ka]

ESSEN UND TRINKEN

Die Speisekarte, bitte.	La carta, por favor. [la **kar**ta, por fa**wor**]
Brot	pan [pan]
Kaffee	café [ka**fe**]
Tee	té [te]
mit Milch / Zucker	con leche / azúcar [kon **le**tsche / a**θu**kar]
Orangensaft	zumo de naranja [**θu**mo de na**ran**cha]
Mehr Kaffee, bitte.	Más café, por favor. [mas ka**fe** por fa**wor**]
Suppe	sopa [**θo**pa]
Fisch	pescado [pes**ka**do]
Meeresfrüchte	mariscos [ma**ris**kos]
Fleisch	carne [**kar**ne]
Geflügel	aves [**a**wes]
Reis	arroz [a**rros**]
Beilage	guarnición [guarni**θjon**]
vegetarische Gerichte	comida vegetariana [ko**mi**da vechetar**ja**na]
Eier	huevos [**ue**wos]
Salat	ensalada [enβa**la**da]
Dessert	postre [**pos**tre]
Obst	fruta [**fru**ta]
Eis	helado [e**la**do]
Wein	vino [**bi**no]
weiß / rot / rosé	blanco / tinto / rosado [**blan**ko / **tin**to / ro**βa**do]
Bier	cerveza [θerwe**θa**]
Wasser	agua [**a**gua]
Mineralwasser	agua mineral [**a**gua mine**ral**]
mit / ohne Kohlensäure	con / sin gas [kon / βin gas]
Limonade	gaseosa [gaβe**o**βa]
Ich möchte bitte zahlen.	La cuenta, por favor. [la **kuen**ta por fa**wor**]

MEINE ENTDECKUNGEN

Teilen Sie Ihre Entdeckungen auf facebook.com/Polyglottreisewelt.

CHECKLISTE ANDALUSIEN

Nur da gewesen oder schon entdeckt?

- [ ] **DAS SCHWINDENDE LICHT IN DER WÜSTE TABERNAS GENIESSEN**
  Eine Wüste ist tagsüber einfach eine Wüste und nicht für alle Besucher attraktiv. Wunderbar wird sie, wenn die Sonne Schatten wirft und den Formenreichtum dieser scheinbar so erstarrten Landschaft hervorzaubert. › S. 111

- [ ] **DIE KATHEDRALE VON SEVILLA**
  Sie ist eines der beeindruckendsten katholischen Bauwerke der Welt mit den kostbarsten Kunstwerken in ihrem gigantischen Innenraum. Ganz leicht zu erkennen: Sie ruht auf den Grundmauern einer Moschee. › S. 56

- [ ] **MEZQUITA VON CÓRDOBA**
  Hier verhält es sich genau andersherum: Eine Kathedrale wurde in einen Moscheebau gedrängt, der zu der faszinierendsten arabischen Baukunst überhaupt zählt. › S. 130

- [ ] **IN DEN WEISSEN DÖRFERN SPAZIEREN**
  Während wir Frühjahrsputz machen, streichen die Bewohner der *pueblos blancos* ihre Mauern in frischem Weiß. Ein stiller bäuerlicher Kosmos. › S. 90

- [ ] **FIESTA!**
  Ob zur Osterwoche Semana Santa, zum Maikreuzfest, zur Feria oder zum Tag der Patios – ein andalusisches Fest sollte man einfach mal mitfeiern. › S. 47

- [ ] **DAS MEER**
  Wen es nicht zur zugegebenermaßen ziemlich zugebauten Costa del Sol zieht, der wählt die Costa de la Luz mit ihren langen Sandstränden.
  › S. 99

MITBRINGSEL

- **Eine Flasche Sherry:** Am besten nach einer Verkostung in einer Traditionsbodega kaufen › S. 104
- **Azulejos:** Die handbemalten Fliesen sind Boten aus dem sonnigen Süden › S. 17